JN126840

励ます令和時代の地方自治

－ 2040年問題を乗り越える12の政策提案 －

はじめに－令和時代とは

　戦後，地方自治法ができたのが1947年(昭和22年)である。その後の昭和の時代は，地方自治の成功体験の時期であった。経済発展による税収の大幅な増加で，「税金で地方自治ができた時代」である。公害・環境，福祉など，さまざまな分野で地方自治の成果が花開いた。

　バブルの崩壊は，1991年である。平成3年に当たる。平成時代は，昭和の地方自治の成功体験の余熱に浸りながらも，そこから逃れて，「新たな地方自治を目指し，もがいた時代」でもある。内容は，内向きで，行政の改革(合併等)，行政への民間手法の導入等であるが，その効果は限定的で，むしろ弊害が目立つようになった。

　そして，令和の時代は，いよいよ地方自治の成功体験から訣別し，新しい地方自治に大転換する時代である。枕詞のように使われていた人口減少，高齢化がリアルなものとなり，否応なしに日々の暮らしを変え始めた。このままにしていたら，未来の展望は開けない。余力が残っている今のうちに，これまでの地方自治法の成功体験のくびきから逃れて，新しい世界に飛び出すときである。

　その処方箋は，チェックや監視の地方自治から「励ましの地方自治」への転換である。税金だけの地方自治から，市民の知恵や経験，行動力を活かしながら，「市民が存分に力を発揮する地方自治」である。

　これまでとは違う新しい地方自治のかたちの構築には，多少の勇気がいるが，今こそ，その試みを始めるときだと思う。

目　次

8

第Ⅰ部　昭和・平成時代の地方自治・
成功体験のとき

第1章　昭和時代の地方自治－税金による行政

(1)　地方自治は役所と議員がする

● 地方自治法・昭和22年の仕組み

　地方自治法ができるのが昭和22年(1947年)である。戦争に負けて2年弱、いまだ荒廃と混乱のなか、地方自治法は公布され(1947年4月17日)、同年5月3日から施行された。

　昭和22年(1947年)には、戦後初の国勢調査が行われている。本来ならば、昭和20年(1945年)に行われるはずであったが、「現下の緊迫する情勢に鑑み、帝国版図内一斉に国勢調査を施行することは困難である」として中止された。しかし、「戦後産業の復興と民生の安定、特に失業対策の確立の為には、産業職業に関する人口統計の正確な資料が必要であるが、昭和19年(1944年)以降これに関する調査が存在しない。よって、これらの基本統計を整備し行政施策の基礎とする」として調査が行われたが、大量の海外引揚者、食糧難、住宅難、工場の焼失などのなか、調査は困難を極めたようだ。ただ、このときの標語「再建へ漏れなく正しくありのまま」に表されているように、困難ななかではあるが、当時の人たちの「新しい国づくり」にかける思いを感じられる事業ともいえる[1]。

　その後、地方自治法は、途中の1997年(平成9年)には、地方分権改革などの大改正があったが、地方自治法の構造や基本的な仕組みは一貫して変わっていない。

1　総務省統計局ホームページ「国勢調査のあゆみ」より。総務省統計局らしくない「熱さ」を感じる記事となっている。

表 I-1-1 1947(昭和22)年と2017(平成29)年の主な違い

	昭和22年(1947年)	平成29年(2017年)
人口	7,862千人	126,706千人
合計特殊出生率	4.54	1.43
高齢化率	4.8	27.7
平均寿命	男50.1歳　女54.0歳	男81.0歳　女87.2歳

　それを一口で言うと，地方自治は役所と議員がするという考え方である。逆に言うと，市民は付属的な存在である。そして，この役所と議員が地方自治を行う制度は，昭和，平成と続いてきた。

● 憲法第8章の積極的意義

　地方自治法は，日本国憲法施行(1947年5月3日)と同時に，いわば憲法とセットで施行された。この点は，きわめて重要である。

　地方自治は，明治憲法時代にも行われていたが，憲法上の制度として位置づけられたのは，日本国憲法になってからである。条文は，第8章のわずか4条であるが，そこには次のような積極的意味がある。

　第一は，国家に対して，地方自治体の自治権をみだりに制約してはならないことを命じている点である。国家の不当な関与から，地方自治を守ろうとする制度的保障の意味がある。

　第二は，その裏返しでもあるが，地方自治体に対して，あるべき地方自治の実現に向けて，不断の努力を怠ることがないように鼓舞している点である。いわば地方自治を励まし，応援する規定としての意味である。

　この憲法の規定に後押しされて，地方自治は，さまざまな分野で目覚ましい成果をあげてきた。

　第八章　地方自治

　第九十二条　地方公共団体の組織及び運営に関する事項は，地方
　　自治の本旨に基いて，法律でこれを定める。

　第九十三条　地方公共団体には，法律の定めるところにより，そ
　　の議事機関として議会を設置する。

　　2　地方公共団体の長，その議会の議員及び法律の定めるその他
　　の吏員は，その地方公共団体の住民が，直接これを選挙する。
　第九十四条　地方公共団体は，その財産を管理し，事務を処理し，
　　及び行政を執行する権能を有し，法律の範囲内で条例を制定す
　　ることができる。
　第九十五条　一の地方公共団体のみに適用される特別法は，法律
　　の定めるところにより，その地方公共団体の住民の投票におい
　　てその過半数の同意を得なければ，国会は，これを制定するこ
　　とができない。

● 地方自治は社会安定の基盤

　地方自治法は，憲法施行と同時に施行されているが，これは単なる偶然
ではない。地方自治は，社会安定の基盤(インフラ)だからである。

　それは明治憲法時代を見ればわかる。明治憲法(正式には，大日本帝国憲
法である。あえて「大」をつける背伸び感が微笑ましい)には，地方自治の
規定はないが，明治政府は，地方自治に無関心であったわけではなく，む
しろ積極的に地方自治制度を採用した。

　すでに1978年(明治11年)には，地方三新法(郡区町村編制法，府県会規
則，地方税規則)，1880年(明治13年)には区町村会法を制定して，区町村
にも選挙で選ばれた議員で組織する議会を設置した。

　1888年(明治21年)には，市町村制を採用し，市及び町村を基礎的地方
公共団体とした。さらに1889年(明治22年)には，空前の町村廃合を実施
している。このときの市町村合併は，71,341あった市町村を約5分の1の
15,859に統合するという大規模なもので，生活の場である村が，行政によ
る管理の都合によって改編されたわけである(これを行政村(ぎょうせいそ
ん)という)[2]。

　その意図は，1989年(明治22年) 2月の大日本帝国憲法発布，1990年10

2　市制町村制の上諭をみると，「朕地方共同ノ利益ヲ発達セシメ，衆庶臣民ノ幸福ヲ増
　進スルコトヲ欲シ，隣保団結ノ旧慣ヲ存重シテ益々之ヲ拡張シ」と規定している。住民
　同士で助けあうという自然発生的な側面と，それを朕(天皇)が欲して定めるという統制
　的な両面を持つ上諭となっている。

月の国会開設に間に合わせるためである。憲法制定・国会開設という大変革を前に，明治政府は，地方行政に重きをなす地方の名望家を国家の官僚制的な統治機構のなかに取り込み，また村落共同体が有していた「隣保団結の旧慣」を維持，発展させることで，公共秩序の安定を図ろうとしたのである。

　この地方自治制度を積極的にリードしたのが，山県有朋という点が示唆的である。

● 法律は第1条(目的)を見るとよくわかる

　その制度が，何を目指しているかは，法律の第1条(目的)を見ればよくわかる。地方自治法には，次のように書かれている。

　この法律は，地方自治の本旨に基いて，地方公共団体の区分並びに地方公共団体の組織及び運営に関する事項の大綱を定め，併せて国と地方公共団体との間の基本的関係を確立することにより，「地方公共団体における民主的にして能率的な行政の確保を図るとともに，地方公共団体の健全な発達を保障することを目的とする」と書かれている。

　一文が長いのでわかりにくいが，要するに，地方自治法が対象とするのは地方公共団体で，地方公共団体に関する事項を詳細に規定することで，民主的・能率的な行政の確保と地方公共団体を健全に発達させようとしたものである。

　つまり，地方自治法には，市民が幸せに暮らせるまちをつくろうという目標が書かれているわけでなく，地方公共団体という組織のための制度や仕組みが書かれている。役所や議会の組織や運営等を規定し，これら組織が民主的・能率的に運営されれば，市民が幸せに暮らすことができると考えているわけである。

● 住民が主語の規定は何条あるのか

　地方自治法は，昭和22 (1947)年に制定され，毎年のように改正，削除や追加を繰り返してきた。その数は，平成30 (2018)年1月1日現在で，全部で473条，1482項に及ぶ大法典となっている。

　実のところ，地方自治法の条項数を確定するのは，容易な作業ではない。

結局，一つひとつ数える作業が必要になる。度重なる改正で，枝番号（1条の2など）や孫枝番号（252条の2の2など）もふんだんにあり，大幅な削除もある（20条から73条までは削除）。

　ちなみに，条文の削除や追加を行ったときに，なぜ繰上げや繰下げを行わないか。

　削除や追加に連動して，既存の条文を上げ下げすると，地方自治法のような基本法の場合は，地方自治法の条文を引用しているほかの法律や条例等に影響を与えて，膨大な訂正作業が必要になってしまうからである。国の法令ならコンピュータ化されているので，訂正も容易であるが，自治体の条例等とは連動していないので，全国では膨大な訂正作業が生じてしまうためである。

　この膨大な条文数のうち，実は，市民が主語の条文は6条しかない。残りの条文は，役所や議会に関する規定である。地方自治法の地方自治とは，地方公共団体に関することであることは一貫して変わっていない。

(2)　地方自治法の意義・市民の位置

● 役所よ，もっとサービスを

　地方自治といえば，まず市民が主役であるはずであるが，地方自治法において市民は，完全に脇役である。

　すでにみたように，地方自治法の全473条のうち，住民が主語となっている条文は6条のみであるが，このうち，最も基本的な規定が第10条である。その第2項に，「住民は，法律の定めるところにより，その属する普通地方公共団体の役務の提供をひとしく受ける権利を有し，その負担を分任する義務を負う」と規定されている。つまり，住民は税金を払う代わりに，自治体からサービスを受ける権利を持っているということである。

　ちなみに，ここで住民とは，自然人のほか法人が含まれ，自然人については，国籍，年齢，行為能力等は一切問われない。つまり外国人も住民で，自治体からサービスを受ける権利を持っているというのが，地方自治法の立場である。そこに生活実態を有する者の福祉を増進する（簡単に言うと，困った人を助ける）のが地方自治の役割であるから，納税していなくても住民である。税金を払っていなくても，自治体からサービスを受ける権利を

持っている。

● 役所や議員を厳しくチェックする

　第10条に続く第11条は，選挙権である。地方参政権は，地方自治法では，「日本国籍を有する」住民に限定されている。

　次の第12条，第13条は直接請求権である。ここでは，「日本国籍を有する」住民が，請求権を持っている。

　　・条例の制定改廃請求権（第12条１項）
　　・事務監査請求権（第12条２項）
　　・議会の解散請求権（第13条１項）
　　・長や議員等の解職請求権（第13条２項，３項）

が法定されている。

　残りの２条であるが，第242条が住民監査請求権である。住民は，長・委員会・職員について，違法もしくは不当な公金の支出等があると認めるときは，これを証する書面を添え，監査委員に対し監査を求めることができる（第242条１項）。

　第242条の２は，住民訴訟である。監査結果・勧告に不服があるときは，住民訴訟を提起できる（242条の２）。

　住民監査請求，住民訴訟では，国籍条項はない。地方自治体の住民であれば，外国人や法人等の団体も住民訴訟を提起できる。選挙権を有しない者も請求でき，納税者である必要もないとされている。

　直接請求や住民監査の規定は，住民が地方自治体に要求し，あるいは監視して異議を申し立てる権利を認めたものである。行政や議会を厳しくチェックするのが住民の役割というのが，地方自治法のスタンスである。

● 地方自治法は団体自治

　よく知られるように，地方自治は，住民自治と団体自治の２つで成り立っている。住民自治とは，「地域の住民が地域的な行政需要を自己の意思に基づき自己の責任において充足すること[3]」をいう。他方，団体自治とは，

3　塩野宏『行政法Ⅲ・行政組織法（第３版）』（有斐閣，2012年）127頁

「国から独立した地域団体を設け，この団体が自己の事務を自己の機関により その団体の責任において処理すること[4]」をいう。両者の違いは，住民に 着目するか，団体，組織に着目するかである。

　すでにみたように，地方自治法は，団体自治を中心に構成されている。 他方，住民自治とは言っても，地方自治法における住民は，サービスの客 体か，あるいは役所に対して要求し，又は訴えを起こす立場にとどまり， 自治の主体として，考え，責任を持ち，行動するという位置づけにはなっ ていない。

　これが昭和22（1947）年制定の地方自治法の基本構造である。

(3)　地方自治法の成功体験

　昭和の時代は，市民はサービスを受け，役所をチェックし，役所に要求 するという，地方自治法による地方自治が成功した時代である。ここでは， 公害対策と福祉制度を取り上げよう。

● 公害問題に立ち向かう

　日本は，1950年代後半から1970年代前半にかけて，激しい公害問題に直 面した。水俣病の公式発見は，1956（昭和31）年である[5]。

　1970（昭和45）年は「公害国会」の年と言われ，公害犯罪処罰法，公害 防止事業費事業者負担法，海洋汚染防止法，水質汚濁防止法等の公害関連 法が制定された。1971（昭和46）年には環境庁が設置された。

　このように1970年代に入って，国は，ようやく公害対策に積極的に取り 組むことになるが，それ以前に，国に先駆けて，これら課題に先駆的に挑 戦したのが地方自治体である。

　「もはや戦後ではない」と宣言されたのが1956（昭和31）年度の経済白書 である。日本において経済成長が始まり，それに合わせて，全国で公害問 題が顕在化した。とりわけ都市部では，水質汚濁，ばい煙，騒音，振動， 悪臭，地盤沈下などが住民の暮らしを直撃した。

4　同上。
5　政府が，正式に公害認定するのが1968（昭和43）年9月である。公式発見から12年か かっている。

　こうした状況においても，国のスタンスは，経済との調和である。例えば，水質保全法やばい煙規制法の目的規定には，「経済の健全な発展との調和を図ること」が明示されていた。この経済調和条項が，公害問題を深刻化・長期化させる一因になっていった。

　これに対して，市民生活優先の立場から，経済調和条項に立ち向かっていったのが，東京都，横浜市，川崎市などの自治体である。これら自治体は，公害に抗議する住民運動と連携して，協定や要綱，条例を駆使して，公害問題に取り組んでいった。横浜市公害防止協定（1964年・昭和39年），東京都公害防止条例（1969年・昭和44年）などがその代表的なものである。これら自治体の取り組みが，1970年の国の公害立法につながっていった。

● 福祉の充実をはかる

　福祉も同じような道をたどっている。

　従来，福祉は，機関委任事務制度によって，自治体は，いわば国の下請け機関に位置づけられていた。機関委任事務制度は，自治体をあたかも国の手足として活用する制度であるので，それゆえ自治体の裁量権は極めて限定的であるはずである。しかし，自治体は，地域ニーズに応えるかたちで，国の水準を超える福祉サービスを充実してきた。

　例えば，老人医療費の無料化については，すでに1960（昭和35）年に岩手県沢内村（現西和賀町）が65歳以上の老人医療費無料化を開始している。豪雪に閉じ込められ，厳しい暮らしを強いられている住民の「暮らしを守る」という切羽詰まった事情とそれを果敢に乗り越えようとする村長のリーダーシップ，実務面で支える国保病院の医師や看護師，保健婦の取り組みは，地方自治のあるべき姿として，今日でも記憶されるべきだろう[6]。

　そして，東京都が1969（昭和44）年に70歳以上の医療費無料化を実施したことが画期となり，老人医療費の無料化を実施する自治体が広がっていった。

　これら動きに後押しされて，国も1973（昭和48）年に，70歳以上の医療

6　太田祖電ほか『沢内村奮戦記―住民の生命を守る村』あけび書房 1983年，及川和男『村長ありき―沢内村 深沢晟雄の生涯』新潮社 1984年

費無料化を実施した。

　住民にサービスを提供し，住民が自治体に要求，監視するという地方自治法の考え方・仕組みが，公害問題の解決や福祉の充実に効果的だったといえよう。

(4)　成功体験の背景

● 職員のふんばり，市民の奮闘も忘れてはならない

　地方自治法が一定の成果をあげた理由に，法律制度論とは別に，自治体職員の頑張り，市民の奮闘があったことは間違いない。

　この当時，あちこちの自治体に「有名」な職員がいた。例えば，福岡県柳川市の広松伝氏もその一人である。

　柳川市は，今では掘割観光で有名な自治体で，掘割を周遊する舟会社だけでも5社あり，観光客は年間136万人(2018年)にもなるという[7]。とりわけ外国人にとって魅力的な風景のようで，柳川の町は，いつでも外国人観光客で賑わっている。

　この柳川の掘割も一時，埋め立ての危機に襲われた。掘割は，かつては生活用水，農業用水などに使われ，また物資の輸送路としても使われていた。しかし，高度成長期を経て，上水道が整備され，道路整備が進むと，生活面でも産業面でも，無用の長物となっていった。使わないから，そこにゴミが投げ込まれ，そしてドブ川となっていく。この状態を放っておけない市は，これらを埋め立て，蓋をして下水路とすることとした。ある意味，自然な選択である。

　この掘割埋立計画に「待った」をかけたのが，環境課の都市下水路係長として配属された広松伝氏である。彼は，堀割の意義や価値を粘り強く訴え，市長を説得して，市の方針を変更させることに成功する。

　続いて，広松氏は，住民にも説得を続けることになる。掘割の浄化・維持は，市民の理解と積極的協力がなければできないからである。自ら，川さらいなどをして範を示しながら，学校区単位，町内会単位で住民懇談会

7　「2018年観光動態調査(1月～12月)」(柳川市)。「リピーター」が50.1%、中でも「4回以上」が全体の22.5%を占めている(「柳川市観光客動態調査報告書」(柳川市)平成30年3月)。

を行い，市民への説明，説得を始めていった。その数は，2年間で100回以上に及んだという。

　こうした努力が実を結んで，堀割は残り，今日では柳川のシンボルとしてだけでなく，日本有数の観光資源となっていった。

　職員の熱意と行動，そして市民の主体的参加が，まち（地方自治）を作り上げた好例と言えよう。こうした事例は，柳川だけではなく，規模の大小は別にしても，全国で行われてきた[8]。

• 成功の背景としての人口ボーナス

　地方自治法が成功したのには，こうした職員の踏ん張りや市民の奮闘もあったが，社会経済的背景も無視することはできない。そのひとつが人口ボーナスという考え方である。

　人口ボーナスとは，社会が「多産多死」から「少産少子」に切り替るとき，生産年齢人口が増え，高齢者が多くない状態，つまり，労働力が豊富な反面，社会保障費が少なくてすむため，経済発展するのに好条件になる状態をいう。

　そして，人口ボーナス期を過ぎると，今度は人口オーナス(onus　重荷，負担)期になる。少子化で働く世代が少なく，他方，これまでの生産年齢層が高齢期に入り，社会保障の対象となってくるからである。日本の場合は，人口ボーナスは，1960年ごろから始まり，90年ごろ終わったとみられている。現在は，人口オーナス期の真っただ中である。

　ただし，ここで忘れてならないのは，人口ボーナスは，開発途上国の人口構成変化が経済発展に及ぼす「潜在成長力」を示したものにすぎないもので，この人口ボーナス効果を活かせるかどうかは，政府や国民の力次第である。日本の場合は，政府が中央集権的行政システムのもと，国のリードで産業政策，雇用政策，金融政策などを展開し，人口ボーナスの優位性を最大限に活かしたということであり，地方自治でいえば，行政や議会が

8　滋賀県近江八幡市の八幡堀も，県の堀両側を埋め川幅を4mに狭める案に対し、1972（昭和47）年、八幡学区自治会と近江八幡青年会議所が連名で、八幡堀復元のため、全川幅の浚渫と修景を求める陳情書を滋賀県知事に提出した。この署名運動と自主清掃活動によって、保存につながっていった。

図 I-1-1　人口ボーナス・人口オーナス
－従属人口指数の年次推移－

（出典）「21世紀の統計科学　第 I 巻」日本統計学会ホームページ版

地方自治を行うという地方自治法の仕組みが有効に機能したものと言える。

● 生産年齢層の増加

　人口ボーナスの考え方を日本の状況に当てはめて，もう少し具体的に見ると，昭和時代の地方自治の成功体験の意味が，より明確に分かる。

　戦後の一時期，第一次ベビーブームのときは，日本では合計特殊出生率が4を超えていた（昭和22年は4.54）。合計特殊出生率は，女性が一生のうちに産む赤ちゃんの数である。男女の不均衡があるから，正確には2.07人生まれないと人口が減る。この1947（昭和22）年から1949（昭和24）年までに生まれた人を団塊の世代（狭義）と言うが，この世代が，1960年代の中ごろには大きなボリュームを持つ生産年齢層になっていく。

図 I-1-2　出生数・合計特殊出生率の変化

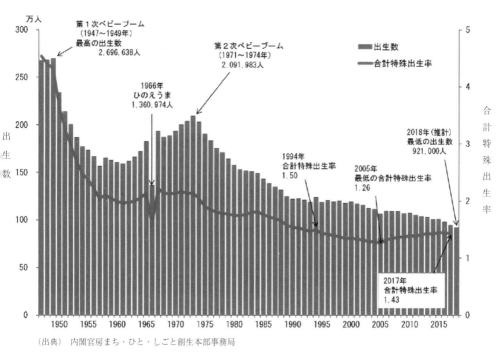

（出典）内閣官房まち・ひと・しごと創生本部事務局

　生産年齢人口とは，年齢別人口のうち，労働に従事できる年齢の人口層を意味し，日本では15歳以上65歳未満の人口がこれに該当する。戦後，日本の生産年齢人口は増加を続け，1995（平成7）年には，8726万人とピークに到達した。

　生産年齢が15歳からというのは今日では奇異に感じるかもしれないが，1960（昭和35)年では高校進学率は57.7％であり，大学進学率は8.2％にとどまっている。15歳になると，若者の4割，18歳では，9割以上が働きに出る。つまり，1960年代の半ば以降，働いて税金を払う世代が，数多く社会に出て行くということである。

　そして，1970年代は，彼らは20代から30代半ばに，1980年代は，30代から40代半ば，1990年代は，40代から50代半ばになる。要するに働き盛りで，より多くの税金を支払う人たちがボリュームゾーンとして日本を支え

る構造となっている。

● 集団就職の時代

　15歳が生産年齢のスタートに当たるという具体例が，昭和の時代に行われていた集団就職である。集団就職とは，地方の中学・高校卒業生が，集団で都会の会社や商店などに就職することである。見知らぬ地に向かう不安を少しでもやわらげるためだったのだろう，全員で臨時列車に乗って東京に出てくる時代が1954（昭和29）年から1975（昭和50）年まで続いた。この若い労働力が，その後の日本の高度経済成長を支えている。

　上野駅は，今日では，新幹線も在来線（上野東京ライン）も通過駅になってしまったが，当時は，上野駅が集団就職列車の終着駅で，数々のドラマや歌がつくられた。

● 豊かな国民・GDPの推移

　GDP（Gross Domestic Product：国内総生産）は，国内で生み出された商品やサービスの付加価値の総額を表したものである。

　我が国GDPの世界に占めるシェアは，1995（平成7）年には米国に次い

図 I-1-3　我が国の一人当たりのGDPの金額と国際順位

（出典）　平成26年情報通信白書

で17.6％を占めていたが，1995年以降年々低下して，2010（平成22）年には8.5％になった。現在のまま推移した場合には，2020年には5.3％，2040年には3.8％まで低下するとみられている。

　また，国民の豊かさを示す指標の一つである1人あたり名目GDPも，OECD加盟国中で，1990年代は3位を維持したが，2000年代に入り急落し，2018（平成30）年には26位になっている（IMF統計）。

● まだ見えない高齢化

　今日では，高齢化は，喫緊の課題であるが，実はすでに1970年に，日本は「高齢化社会」に突入していた。

　高齢化の進行状況を表す言葉として，高齢化社会，高齢社会，超高齢社会があるが，65歳以上の人口が，全人口に対して7％を超えると「高齢化社会」，14％を超えると「高齢社会」，21％を超えると「超高齢社会」となる。1970（昭和45）年には，すでに高齢化率7％を超えてしまっていた（ちなみに，高齢社会の到来は1995（平成7）年，超高齢社会は2010（平成22）年である）。

　このように，早い時期から高齢化社会が意識され，急速で世界でも類を見ないスピードで超高齢社会になることが分かっていたにもかかわらず，本腰を入れて取り組もうという動きにならなかった。これは，まだ人口が伸びていたこと，生産年齢人口が老年人口を支える比率（老年人口指数）は，1980（昭和55）年時点でも13.5であったことから，リアル感がなかったためである（2017（平成29）年は46.3）。結局，高齢化問題が深刻になるまで対策が先送りされてしまった。

(5)　昭和という時代・地方自治法がマッチした時代

　昭和という時代をまとめてみよう。

● サザエさんの時代

　昭和という時代をみるモデルとして，アニメのサザエさんを見ると分かりやすい。

　サザエさん一家のお父さんが波平さんで，職業はサラリーマン（事務職），

32

山川商事の課長さんである。アニメでは，会社は銀座の晴海通り沿いに存在する設定である。年齢は意外に思うが54歳である。

　60歳定年を努力義務とした高年齢者雇用安定法ができるのが1986（昭和61）年であるが，昭和の時代は，55歳で定年を迎えるのが，当たり前だった。つまり波平さんは，あと１年で定年退職である。1960（昭和35）年の平均寿命は男で65.3歳であるから，波平さんの定年後の生活は，さほど長くない計算になる。ちなみに今日でも，自治体においても敬老会事業が行われているが，それはこの時代設定をベースに組み立てられた事業が，今日まで続いている。

図 I-1-4　一般会計税収，歳出総額及び

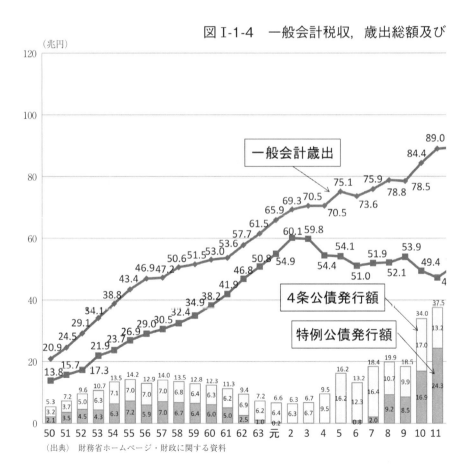

（兆円）

一般会計歳出

4条公債発行額

特例公債発行額

（出典）財務省ホームページ・財政に関する資料

　波平さんの奥さんは，舟さんであるが，年齢は，原作では48歳である
が，アニメでは，52歳と設定されている。アニメの姿から，70歳くらいか
と思っている人も多いだろう。

　波平さん一家の子どもは，サザエさん，カツオ君，ワカメちゃんの3人
である。マスオさんとサザエさん夫婦が二世帯同居しているが，この家は
平屋である。そしてサザエさんは，専業主婦である。

● 税による地方自治ができた時代

　戦後，日本でも1951（昭和26）年までは，合計特殊出生率が3を超えて

公債発行額の推移

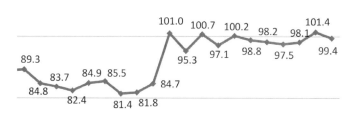

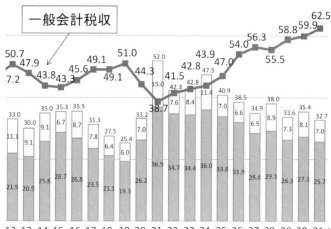

いた(広義の団塊の世代)。この世代が，1960年代後半になると，大きなボリュームを持つ生産年齢層になって日本の経済成長を支えていく。

　人口ボーナスの理論の通り，日本は高度経済成長期になり，国民の所得も増え，不動産の価格も上昇した。市町村でいえば，市民税や固定資産税が伸びていくとともに，所得税が増えることで，国からの地方交付税，補助金等も増えてくる[9]。地方財政支出は，右肩上がりに伸びていった。他方，高齢化率は，1970年代はいまだ10%以下にとどまっている。

　多額の税収が見込め，他方，その税金の使い道である社会保障費は，さほど多くないという時代背景を受けて，役所からサービスを受け，役所を監視し，要求するという地方自治法の仕組みが，存分に機能した。それが昭和という時代である。

● ハコモノ行政とそのつけ

　昭和時代の典型例が，ハコモノ行政である。ハコモノ行政とは，庁舎・学校・公民館・博物館・運動施設などの公共施設の「建設」に重点を置く国や地方自治体の政策を揶揄する言葉である。

　日本でいわゆる「箱物」と呼ばれる施設群が乱立したのは，1980年代後半から1990年代にかけての時期である。隣の自治体に負けてはならじと，全国の自治体が，競うように文化会館や文化ホールを建設した。市民文化の時代とも，もてはやされたが，これはバブル景気期の恩恵である。

　実は，このハコモノ行政は，バブル崩壊後，平成の時代に入っても続けられている。今度は景気対策としてのハコモノ行政であるが，結局，国費ベースで10兆円前後の予算が公共事業に投じられたとされている。

　ハコモノ行政の問題点は，建設後の維持管理と更新である。建設は補助金でできるが，建設後の施設の維持管理に膨大な経費が掛かり，ハコモノ行政のつけに苦しむことになる。また，こうしたハコモノは，人口増加や高度経済成長に伴う行政需要の増人等に対応するため，短期間に集中的に整備されたため，その後の補修や建て替えなど，施設の更新時期が一気に

9　地方交付税の原資は，所得税・法人税の33.1%，酒税の50%，消費税の22.3%，地方法人税の全額とされている(地方交付税法第6条)。

表 I-1-2　松戸市すぐやる課への要望状況(要望件数)

要望の種別		平成29年度	発足当初からの累計
土木関係	U字溝などの側溝の補修	31	8,748
	暗渠ヒューム(道路下を走る雨水管などの管)の補修	0	616
	壊れた側溝のふたなどの補修	443	12,415
	集水ますの補修	11	1,668
	道路などの補修	123	20,099
	側溝などの掃除	0	17,063
	公道上の残土の処理(少量)	6	20,910
	上記以外の土木関係のご要望	63	4,710
清掃関係	道路の清掃	8	954
	道路などへの放置物の処理	26	1,510
	動物の死体処理	180	17,975
動物	スズメ蜂などの巣の駆除	1,727	31,052
	その他の動物に関するご要望	22	4,662
その他	その他上記以外の各種ご要望	34	6,772
	他課への通報による処理	21	5,905
合　計		2,695	155,059

(資料)　松戸市資料を一部修正

到来する。

　これら施設の維持管理・更新にかかる財政負担に対応すべく，自ら所有又は賃借する施設とその環境に係る費用を最小にし，効果を最大にするための考え方及び手法のひとつがファシリティマネジメントである[10]。

● 「先進的」政策の意義と行き過ぎ

　昭和の時代は，先進的な政策が実施された。その法制度的根拠が，地方自治法の「市民が自治体からサービスを受ける権利」(第10条2項)の規定である。この規定を根拠に，数多くの「先進的」な政策が立案された。

　その背景は，豊富な財源があったことは言うまでもない。同時に，先進政策の対象が行政内部ということもあって，政策実現の容易性もあった。

10　今日では，ファシリティマネジメントは体系化が進み，「企業・団体等が組織活動のために，施設とその環境を総合的に企画，管理，活用する経営活動」と定義されている。ファシリティ (土地，建物，構築物，設備等)すべてを経営にとって最適な状態(コスト最小，効果最大)で保有し，賃借し，使用し，運営し，維持するための総合的な経営活動といえる(公益社団法人 日本ファシリティマネジメント協会)。

図 I-1-5　統一地方選挙における

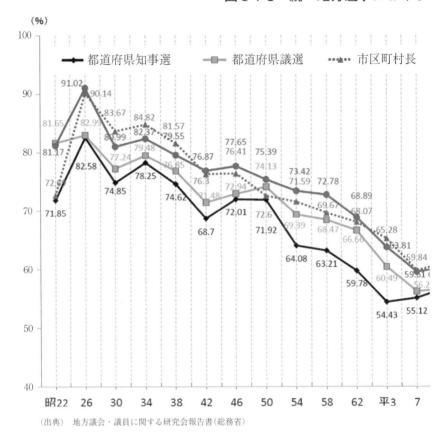

（出典）　地方議会・議員に関する研究会報告書(総務省)

　またサービスを無料化し，行政の内部管理を厳しくすればするほど，「先進的」という評価を受けるということも追い風になった。
　すぐやる課といえば，松戸市が有名である。1969（昭和44)年10月に，当時の松本清市長の発案でつくられた(ちなみに松本清は，薬のチェーン店のマツモトキヨシの創始者である)。
　困ったことがあれば，すぐに連絡でき，連絡を受ければ，職員が実際に現場に行って，すぐ処理できるものはその場で対応し，専門技術が必要なものは，担当部署と調整して，対策を講じるという「すぐにやる」点が，高く評価され，ブームとなって全国の自治体につくられていった。

投票率の推移

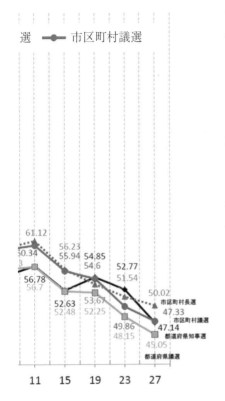

選 ─●─ 市区町村議選

しかし，その後の経済状況の悪化，役割分担の見直しの波を受けて，平成の時代になると，ほとんど姿を消してしまった。

● 依存型・評論家型の自治を生む

自治体に対するサービスの要求，自治体職員や議員に対する監視は，本来，自治体を市民のものとするためのものであるが，実際には，豊かな財政を背景に，行政への要求や依存に反転してしまった。住民自治の仕組みが，その通りに機能せずに，お役所依存主義，お任せ民主主義が蔓延するようになった。

端的な例が，投票率の低下である。知事，都道府県議員，市区町村長，市区町村議員選挙のいずれもが，長期的な低下傾向を示している。平成27（2015）年の統一地方選挙では，市区町村議会議員選挙は47.3％，都道府県議会議員選挙は45.0％の投票率となり，4回連続で過去最低となった（昭和26（1951）年の統一地方選挙のときは，市区町村議会議員選挙が91.0％，都道府県議会議員選挙が83.0％を記録した）。

つまり，「市民は主権者である。だから，役所は市民の言うとおりにしろ」という関係が，要求型市民を産み，さらには役所に任せておけばいい，役所が何とかしてくれるというお任せ民主主義を産んでいる。現実には，要求・依存関係がさらに転じて，行政が雇い主であるはずの市民を統治するという逆転関係になってしまっている。

第2章　平成時代の地方自治・縮減の時代

(1)　課題が噴出する1990年代

● 官官接待

　官官接待とは，地方自治体の公務員が，予算や補助金をめぐる情報収集
や情報交換，申請，説明，陳情・請願，協議，折衝等に当たって，公費を
用いて，国等の役人を接待(酒食等のもてなし)することをいう。官官接待
という言葉は，1995 (平成7)年の流行語大賞となっている。

　日本の地方財政制度は，自治体が自由に使える地方税は地方税法で枠が
定められ，他方，国税の範囲を広めに取ることで(例えば消費税は国税であ
る)，いったん国が多くの税金を集め，それを地方交付税，補助金等の形式
で，地方に配布するシステムを取っている[11]。

　平成29年度の租税総額は101.4兆円で，そのうち国税は62.4兆円，地方
税は39.1兆円で，国民が納める税金では，国対地方は，3対2の比率に
なっている。他方，歳出でみると，国対地方の比率は，2対3になってい
る。地方から見た場合，税収と歳出の大きな乖離を国の調整財源(地方交付
税，国庫支出金)で埋める仕組みが用意されている。また地方債の発行は国
との協議が必要である[12]。このように，自治体の歳入は国によって決定され

11　地方交付税は，本来地方の税収入とすべきであるが，団体間の財源の不均衡を調整
　し，すべての地方団体が一定の水準を維持しうるよう財源を保障する見地から，国税と
　して国が代わって徴収し，一定の合理的な基準によって再配分する仕組みである。国が
　地方に代わって徴収する地方税であって，国からの援助ではなく，地方の固有財源とさ
　れている。基準財政需要額(標準的な財政需要)－基準財政収入額(標準的な財政収入)＝
　必要な財源(交付基準額)という計算式で保障する。
12　地方債は，地方自治体が，財政上必要とする資金を外部から調達することによって

図 I-2-1　国・地方間の税財源配分（平成29年度）

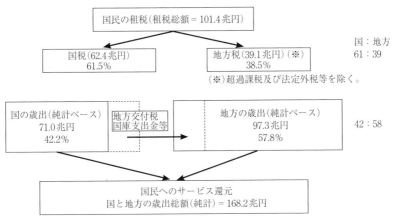

（出典）　総務省ホームページ・地方財政関係資料

ており，歳出も，地方自治法等の法律，国の指導等によって，厳格にコントロールされている。

　このシステムのもとでは，官官接待してでも，国から多くの予算・補助金を獲得するのが，自治体（首長，議員，職員）の役割となる。

　官官接待に使われた金額は全国で年間300億円にも上るといわれ，それを捻出するためにカラ出張などの帳簿操作が行われていた。この税金の無駄遣い，私物化，乱脈ともいえるモラルの低下が，国民の非難・反発を受けることになった。

● 官製談合

　官製談合とは，国や地方自治体などが行う競争入札で，発注者側の公務員が入札談合に関与して，落札業者を決めるしくみをいう。談合の内容は，

負担する債務で，その履行が一会計年度を超えて行われるものをいう。地方債は，地方財政法第5条各号に掲げる場合においてのみ発行できることとなっている。たとえば建設事業費の財源を調達する場合等であるが，これは世代間の財政負担の公平を図ることができる合理的な借金である。平成13年度以降，自治体の通常収支の不足を補填するための臨時財政対策債も発行されるようになった。こちらの方は，将来の世代は，償還義務だけを負うことになる。近年は，臨時財政対策債が急激に増えている。

主に受注予定者や受注価格等である。

　この官製談合が，日本で本格的に摘発されるようになったのも，1990年代以降のことである。それまで日本では，談合は普通に行われてきたが，さほど害悪視されてこなかった。

　むろん，談合は，契約を安定的に確保しようという業界側の既得権保護が第一義であるが，次のような付加的な波及効果等もあって，必要悪であるという認識も強かった。

　①一定の品質・水準が確保できる。談合によって，品質，納期など，その工事にふさわしい企業が選ばれる。安さゆえの手抜き工事の心配もない。発注者も安心だし，管理の手間も省ける。結局，それが社会全体の利益にもなる。

　②地元経済への還元である。価格競争ならば，価格競争に耐えられる，地元とは縁もゆかりもない業者が受注してしまう場合がある。市民の税金を地域に還元できず，また地元の雇用も活かせない。談合ならば，地域要件を満たした企業を入れることができる。

　③暴力団など悪質な業者を排除できる。

　④建築業界も当面の受注だけに目を奪われずに，研究など将来を見越した事業展開ができる。

　こうした談合の効果は，役所側にとってもメリットであることから，官製談合につながっていく。

　①役所としては，限られた予算のなか，決まった納期や品質で工事を完成しなければいけない。安かろう悪かろうでは困る。

　②工事の途中で，さまざまなアクシデントが起こる。予想外の設計変更もあるし，設計ミスもある。これらのアクシデントを外部に晒すことなく，融通をつけてやってくれる事業者はありがたい。

　そこで，仕事をうまく回さなければという気持ちから，行政職員が談合情報を流すことになる。

　しかし，談合は，契約が日本国内だけで完結し，高度経済成長で右肩上がりに仕事があるという時代背景で成り立つ仕組みである。日米構造問題協議(1989年〜1990年)において，市場開放が求められ，またバブル経済の崩壊のなかで，税金の無駄使いの温床として，官製談合は負の仕組みとし

て見られるようになった。

　官官接待，官製談合が問題視されるようになった直接的な背景は，官僚による公費の不正利用，政官財の不正・癒着構造に対する批判であるが，人口オーナス時代に入り，経済成長の陰り，生産年齢人口の減少による税収減，高齢化の進展による社会保障費の増加のなかで，税金で自治を行う仕組みが限界点に達したためである。

● バブル崩壊

　日本は，1986（昭和61）年の末から，1991（平成3）年の初頭まで，バブル景気と呼ばれる空前の好景気時代を迎え，資産インフレを背景とする都市開発・建設ラッシュを引き起こした。自治体は公共用地が容易に取得できないため，土地開発公社を使って，先行取得を積極的に行った。。

　バブル崩壊は1991（平成3）年である。一転して資産デフレとなり，地方自治体は，税収の減少と過大な公共投資による借金で，財政状況は逼迫することになった。

　地価でみると，ピークは6大都市では名目値，実質値ともに1990（平成2）年であり，また全国では，名目値は1991年，実質値は1990年に迎えて

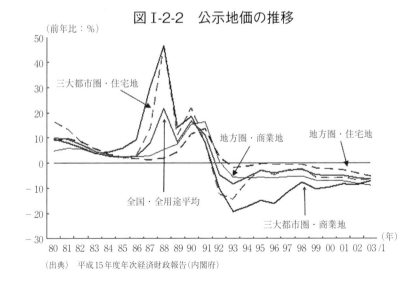

図 I-2-2　公示地価の推移

（出典）　平成15年度年次経済財政報告（内閣府）

いる。1992年以降は，大きな下落を示し，その下落幅が1993年にピークを迎えている。以後の長期にわたる地価の下落，低迷がこの時から始まっている。

その直接的な影響を受けたのが，土地開発公社である。この公社の基本業務は，地方自治体に代わって，公有地の先行取得を機動的に行うことにある。そのため，地方自治体の出資割合が100％であるとともに，予算は議会へ報告されることはあっても，地方公営企業のように，予算として議会の議決を経る必要はないという特殊性を持っている。

土地開発公社の運営の仕組みは，「金融機関から借入」→「公用地の先行取得」→「当該土地の地方自治体への売却」→「売却代金による金融機関への返済」というサイクルであるが，これは地価が上昇しているという前提で成り立つ仕組みである。

このサイクルが破綻して，結果的には，先行取得した土地の有効利用が図れずに保有し，多額の利子を払い続けることになって，多くの土地開発公社が，破綻し，解散することになった。

● 阪神・淡路大震災・NPO元年

バブル崩壊後，地方自治体の財政状況は逼迫するが，そうした中で起こったのが，1995（平成7）年1月の阪神・淡路大震災である。

この大災害は，地域に未曾有の被害を及ぼしたが，反面，地域コミュニティやNPO，企業も，公共の担い手であることを認識させることになった。

今，あらためて，地震直後の報道を読み直してみると，地震被害の広がりに呼応して，市民，企業による救援・復旧活動の広がりを確認できる。

企業に関してみると，地震発生後，電力，ガス，建設などの会社では直ちに，専門家や応援作業員を送り込み，点検・応急対策に当たっている。多くの企業が，億あるいは千万単位の義援金を直ちに送ることを決めた。水や食料，嗜好品，医薬品などの様々な救援物資を各企業が，救援ルートを工夫しながら送っている。特に，この地震で特徴的なのは，企業内のボランティアの動きである。被害の大きさが明らかになるにつれて，企業内で自然発生的にボランティアの動きが生まれ，それに対して，企業は，時

には業務出張で，時にはボランティア休暇制度で支援を行った。

それに比べて，行政の動きはいかにも遅い。しかし，それは行政が怠慢だったからというわけではない。

いうまでもなく，行政の行動原理は公平性である。そのため，サービス提供の水準は標準的になりやすく，そのときどきのニーズに応じたきめ細かなサービスは苦手である。また，行政の行動には社会的な合意が必要になる。そのため，コンセンサスづくりに時間がかかり，行動も後手後手にまわってしまう。

そして，何よりも，行政の行動には経済的なインセンティブが働かない。企業ならば，企業イメージを考え，あるいは当面，または将来の利益を考えて迅速に動く。建設会社をはじめ多くの企業が，様々な経済的な動機を持ちながら，神戸に駆け付けている。

以上のように，阪神・淡路大震災では，市民や企業も公共の担い手であることが，あらためて明らかになった。この市民，地域コミュニティ，NPO，企業等の公共的役割やパワーを体系化・組織化して，より「豊かな」まちをつくっていくにはどうしたらいいのか，自治の新たな局面が現れたのが平成の時代である。

1995（平成7）年は，ボランティア元年と言われるように，ボランティア活動に対する関心が急速に高まり，それまでほとんど知られていなかったNPOが注目されることになった。阪神・淡路大震災の実際の現場では，自治会・町内会等の地域コミュニティが盛んに活動したが，社会の関心は，NPOに集まり，1998（平成10）年には特定非営利活動促進法（NPO法）が制定された。

(2)　人口減少・少子高齢化社会のリアル化

• 人口の未来予測

1900（明治33）年に4384万人だった日本の人口は増加を続け，1967（昭和43）年には1億人を超え，2004（平成16）年に1億2778万人に達した。2005（平成17）年に初めて減少を記録し，その後2年間の横ばい期間を経て，2008（平成20）年を境として本格的に減少を始めている。

国立社会保障・人口問題研究所の推計では，減少は一時的なものでなく

44

今後も継続するとしている。減少率も次第に大きくなる見通しで，2035年
頃からは年間100万人程度の人口減少ペースとなり，2050年には１億人を
割り込む見通しとなっている。2800万人の人口減少は実感が伴わないが，
東京都２個分が減ると考えると，実際のインパクトはすさまじい。

　少子化が国民の関心を呼んだのは，1.57ショックの1990（平成２）年であ
る。遠からず世界に類をみない水準の高齢社会が到来するとして，高齢社
会対策基本法が制定されたのは1995（平成７）年である。

　日本の生産年齢人口をみると，出生中位推計で，2029年に7000万人，
2040年に6000万人，2056年に5000万人を下回り，2065年には4529万人
となると予測されている。日本の総人口に占める生産年齢人口の割合は，
1990年代半ばには70％近くあったが，2015年には60.7％まで低下し，2018
年には59.8％と，いよいよ60％を下回った。

　その結果，国内の生産性は低下し，税収も減少する。65歳以上の人口は
増加し続けて，支える側よりも，支えられる側の方が多くなり，社会保険
の負担などが増し，社会保障制度や公的年金制度も危うくなる。言い換え
ると，人口が増加し経済が発展することを前提とした制度が，破綻し始め

図I-2-3　日本の総人口（推移）

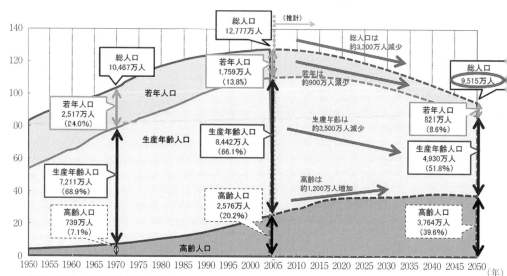

（出典）「国土の長期展望」（国土交通省）

ることになる。

● 税収の大幅減少

　人口減少，少子超高齢化は，さまざまなところに影響を与えるが，自治経営に最も大きな影響を与えるのが，税収の大幅減少である。市町村の場合は，主要な税収である個人市町村民税と固定資産税のうち，個人市町村民税は，人口減少の影響をもろに受ける（固定資産税も間接的には影響を受ける）。都道府県の場合は，都道府県民税が大きな影響を受けることになる。

　高齢化の進展も税収減につながる。現在，多数を占める団塊の世代は，これまでならば税金を払う存在であったが，彼らは退職し，今度は税の消費者に転換してしまった。膨大な団塊が，年金や国民健康保険など社会保障費の使い手に転換してしまった。

　2017（平成29）年国民生活基礎調査（厚生労働省）によると，2016（平成28）年の1世帯当たり平均所得金額は，「全世帯」が560万2千円で，このうち「高齢者世帯」が318万6千円，「児童のいる世帯」が739万8千円となっている。高齢者世帯は，子育て世帯の半分以下になっている。しかも，高齢者世帯の所得の大部分が，公的年金等の非課税割合の大きな所得によって構成されていることから（公的年金・恩給が66.3％，稼働所得が22.3％となっている），それが所得税や住民税の減少につながり，たとえ同

表 I-2-1　各種世帯の所得の種類別1世帯当たり平均所得金額（平成29年）

平成29年調査

世帯の種類	総所得	稼働所得	（再掲）雇用者所得	公的年金・恩給	財産所得	年金以外の社会保障送付金	（再掲）自動手当等	仕送り・企業年金・個人年金・その他の所得
	1世帯当たり平均所得金額（単位：万円）							
全　世　帯	560.2	423.7	394.7	104.0	13.0	6.8	3.6	12.7
高齢者世帯	318.6	70.9	57.9	211.2	16.8	2.5	－	17.2
児童のいる世帯	739.8	687.0	651.5	22.8	6.6	18.2	14.5	5.1
	1世帯当たり平均所得金額の構成割合（単位：％）							
全　世　帯	100.0	75.6	70.5	18.6	2.3	1.2	0.6	2.3
高齢者世帯	100.0	22.3	18.2	66.3	5.3	0.8	－	5.4
児童のいる世帯	100.0	92.9	88.1	3.1	0.9	2.5	2.0	0.7

（出典）　平成29年国民生活基礎調査（厚生労働省）

じ人口がいても，高齢化で国や自治体の税収は大きく減少することになる。

● 社会保障コストの大幅増加

　超高齢化社会の到来で，社会全体の社会保障コストは大幅に増加する。高齢者は生産年齢層に比べ，病気になりやすく，年金や介護などは基本的には高齢者が対象だからである。

　2017（平成29）年度の社会保障給付費（ILO基準）の総額は，120兆2,443億円であり，対前年度増加額は1兆8,353億円，伸び率1.6%となっている。

　国の歳出構造を見ても，社会保障費が約3分の1を占めており，国民所得に占める年金や医療の保険料等によって構成される社会保障負担率も右肩上がりとなっている。

　直接的な社会保障経費以外においても，超高齢化の影響で，社会全体のコストは大幅に増加していく。例えば，認知症であるが，厚生労働省研究班の調査では，2025年の認知症高齢者は推計470万人，認知症予備軍の380万人を合わせると約850万人となると推定している。人口100人当たり，認知症患者が7人いる社会である。

　認知症の症状の中でも，特に徘徊行動は，全国的な問題となっており，認知症の疑いで徘徊し，行方不明届を提出された件数は1万件を超す（警察庁生活安全局生活安全企画課）。認知症に対する社会全体のコストだけでも，膨大となる。

　大牟田市の「安心して徘徊できるまちづくり」は，徘徊高齢者を隣近所，地域ぐるみで，声掛け，見守り，保護していく仕組みを構築して，認知症になっても安心して暮らせるまちを目指すものである[13]。

13　大牟田市の「安心して徘徊できるまちづくり」の発端となった駛馬南校区の「はやめ南人情ネットワーク」は，公民館，子ども会，PTA，老人会などの既存の地域組織，病院やタクシー会社，郵便局，介護サービスなどの事業者が集まり，高齢者の見守りや世代間交流，認知症の人やその家族を地域で支えるための活動などを行ってきた。特に「徘徊模擬訓練」は，駛馬南校区から全校区へ，そして大牟田市から全国へと広がっていった。

図 I-2-4　社会保障給付費の推移

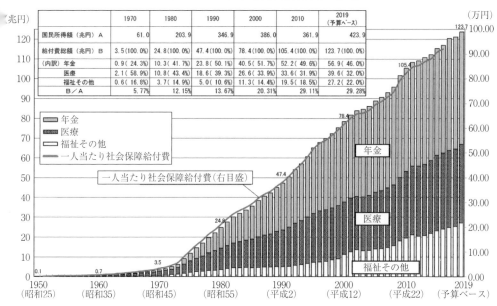

	1970	1980	1990	2000	2010	2019（予算ベース）
国民所得額（兆円）A	61.0	203.9	346.9	386.0	361.9	423.9
給付費総額（兆円）B	3.5(100.0%)	24.8(100.0%)	47.4(100.0%)	78.4(100.0%)	105.4(100.0%)	123.7(100.0%)
（内訳）年金	0.9(24.3%)	10.3(41.7%)	23.8(50.1%)	40.5(51.7%)	52.2(49.6%)	56.9(46.0%)
医療	2.1(58.9%)	10.8(43.4%)	18.6(39.3%)	26.6(33.9%)	33.6(31.9%)	39.6(32.0%)
福祉その他	0.6(16.8%)	3.7(14.9%)	5.0(10.6%)	11.3(14.4%)	19.5(18.5%)	27.2(22.0%)
B／A	5.77%	12.15%	13.67%	20.31%	29.11%	29.28%

（出典）　厚生労働省ホームページ・社会保障給付費の推移

(3)　行政の改革に向かう・地方分権改革

　こうした窮状のなか，改革の方向は，まずは行政に向かうことになる。地方自治法は，市民はサービスを受ける権利を持ち，市民が行政や議会を監視するシステムでできあがっているからである。

● 地方分権改革・第三の改革

　そのひとつが，地方分権改革である。地方分権改革は，国と地方の役割分担，国から地方への権限移譲，地方の裁量権の拡大等を図る改革である。
　しばしば誤解されるが，地方分権とは，単に権限が国から地方に移譲されるというレベルの話ではない。明治維新以来，ずっと続いてきた日本の統治システムの転換を図る大変革である。それゆえ，地方分権は，明治維新，戦後改革に次ぐ，第三の改革と言われる。やや大げさな感じもするが，地方分権改革は，第一の改革，第二の改革を通しても変わらなかった国→

都道府県→市町村という中央集権的・垂直的な統治システムを排して，水平・並列的な協治関係に変えようという大改革である。

　地方分権が，急速に具体化するのは，昭和から平成に入る時代であるが，それは日本をつくっている社会経済的構造そのものが大きく変化したためである。

　明治維新を経て，日本は中央集権体制の下，国家が主導する開発独裁の手法によって，重厚長大産業や装置産業に集中的な社会投資を行い，日本経済を発展させてきた(第一の改革)。

　第二次世界大戦に敗れて日本は国民主権の国になるが，日本は，徹底的に破壊された国土を復興させるために，ここでも国(中央政府)が全国的な視点にたって，工業立地政策を展開し，道路や鉄道等の社会資本整備を行って，日本を立ち直らせた(第二の改革)。

　このように中央集権的統治方式は，計画性，公平性，指導性という点で優れたシステムであるが，その結果，日本は急速に経済発展し，ナショナルミニマムが達成され，さらには市民の関心が個性的で多様なものになってくると，従来の中央集権的統治システムは，その限界が露呈してくる。それに代わる新たなシステムが地方分権である。地方分権というと，理念的で運動論的なイメージが強いが，こうした社会経済的背景をもっている。

● 機関委任事務・第一次分権改革

　第一次地方分権改革では，1995(平成7)年の地方分権推進法の施行に伴って地方分権推進員会が設置され，そこから5次にわたる勧告が行われ，

第一次地方分権改革(平成5〜12年度)

【成果】　国と地方は「対等・協力」の関係に

　○機関委任事務の廃止と事務の再配分(自治事務，法定受託事務)

　○国等からの関与のルール化(法定主義，一般法主義等)

　○権限移譲の推進

　○必置規制の見直し

【残された課題】　財源の移譲は実現せず(未完の改革)

1998（平成10）年には地方分権推進計画が決定された。2000（平成12）年4月からは，地方分権推進一括法が施行されたが，その中心となったのが機関委任事務制度の廃止である。

　機関委任事務では，その事務を行う限りにおいて，地方自治体の長である知事・市町村長は国の出先機関（機関）として位置付けられる。知事・市長といえども，この事務を所管する国の省庁の包括的な指揮監督の下にあって，その事務を執行する。都道府県が処理する事務のうちの7割から8割，市町村では，3割から4割が機関委任事務であったとされた。

　この機関委任事務の廃止によって，明治維新以来，ずっと続いてきた上下・主従という国と地方自治体の関係が，対等・協力関係となった。

図 I-2-5　機関委任事務の廃止に伴う新たな事務

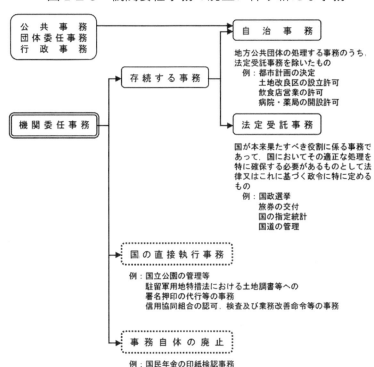

（出典）　機関委任事務制度の廃止及びそれに伴う事務区分の再構成（総務省）

機関委任事務の廃止を受けて，自治体の事務が，法定受託事務と自治事務に区分されて，いずれも自治体の事務となった。国の関与も限定的になり，事務区分ごとに関与の基本類型，関与の手続及び係争処理手続が定められた。

また，国の権限を都道府県や市町村に，都道府県の権限を市町村に積極的に移譲するといった改革も行われた。これら一連の動きは，国の関与・規制を弱めて，自治体の自主性を高める内容となっている。

● 義務付け・枠付けの廃止・第二次地方分権改革

第二次地方分権改革は，第一次地方分権改革で残された，国から地方への権限の移譲や国の義務付け・枠付けの廃止・縮小などを目指すものである。

義務付けとは，自治体に一定の活動を義務付ける規制，枠付けとは，自治体の活動について手続きや判断基準を枠付けるものである。これらは，行政サービスの標準化を図り，全国一律の一定水準を確保することができる反面，自治体の裁量権を縛り，地域ニーズを踏まえた行政サービスを妨げることになる。

地方分権改革推進委員会第二次勧告（2008年・平成20年5月）によると，自治体における事務の実施やその方法を縛っている「義務付け・枠付け」は，10,057条項あり，そのうち4,076条項の見直しの検討が行われ，第一次一括法から第四次一括法等により，見直すべきとされた1,316条項のうち，975条項について実際の見直しが行われた。

地方分権改革推進委員会により，第一次から第四次までの勧告が行われ，それを受けて，「地域の自主性及び自立性を高めるための改革の推進を図るための関係法律の整備に関する法律」（地方分権一括法）が成立し，国から地方への権限移譲とともに，施設・公物設置管理基準の見直し，国等の関与（協議，同意，許可・認可・承認）の見直し，計画等の策定及びその手続の見直しが行われた。

こうして，2014年（平成26年）5月成立の第四次地方分権一括法までの間で，地方自治体への事務・権限の移譲は一通りの検討を終え，地方分権改革は新たな局面を迎えることになった。

● 財政面からの改革・三位一体改革

　地方分権を実現するには，権限と同時に財源面からも自主性を発揮でき
るようにする必要がある。自治体の収入と支出の逆転・不均衡を地方交付
税や補助金でまかなうシステムが，国の地方支配につながり，地方の自立
性を損なっていることから，国の補助金を減らし，地方交付税を改革し，
それらに見合う額の国税を地方税へ移すのが三位一体の改革である（2002
年・平成14年6月閣議決定）。

　日本の財政制度の特徴が財政調整制度である。国がイニシアティブを
とって，財政力の弱い自治体に，税収を配分して財源の均衡化（財政調整機
能）を図り，その結果，日本のどこに住んでいても，同等の行政サービスを
受けられるようにしている（財源保障機能）。

　この財政調整を行うため，税収ベースでは，国税比率を高める（国の取り
分を多くする）制度を採用し，国からの再配分で行政サービスの均一化を
図ってきたが，それが，国と地方の上下関係を生むとともに，都市住民に
とってみれば，都市で集めた税金を地方で使うことになり，財政調整制度
への不満を募らせることになる。自治体の自主財源を増やし，地方交付税

図 I-2-6　三位一体の改革

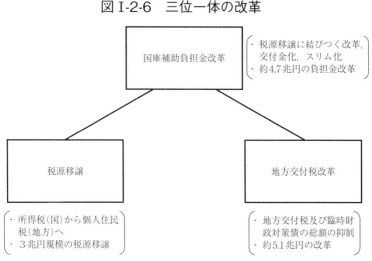

（資料）　総務省資料をもとに筆者作成

や補助金を減らす三位一体の改革は，都市住民の不満に応えるという側面を持っている。

　ただ現実には，地方交付税等の削減に対応した国から地方への税源移譲が進まないことから，むしろ地方財政は悪化する結果となって，地方が財源面から自主性を発揮するという改革のねらいとは程遠い内容になっている。「未完の改革」といわれるゆえんである。

⑷　行政の改革に向かう・平成の大合併

● 明治・昭和の市町村合併の特色

　日本の市町村数は，1888（明治21）年には7万を超える市町村があったが，明治，昭和，平成の3度の大合併により，市町村数は，2019（令和元）年9月15日時点では，1724まで減少した（政令市20，市772，町743，村189）。

　明治の大合併は，近代地方自治制度である市制町村制の施行に伴い，戸数約300〜500戸を標準規模として全国的に行われた町村合併である。

　これは，行政上の目的（教育，徴税，土木，救済，戸籍の事務処理）に合った規模と，江戸時代から引き継がれた自然集落であった町村の規模の隔たりをなくすために実施された。結果として，町村数は約5分の1となり，1889年（明治22年）には1万5859の市町村数となった。

　昭和の大合併では，人口規模8000人を標準として町村の合併が推進された。8000人という数字は，新制中学校の設置管理をしていくために必要と考えられた人口数である。

　戦後，新制中学校の設置管理，市町村消防や自治体警察の創設，社会福祉，保健衛生関係の新しい事務が市町村の事務とされた。これら事務を効率的に行うため1953（昭和28）年の町村合併促進法と，これに続く1956（昭和31）年の新市町村建設促進法により，町村数を約3分の1に減少することを目途とする町村合併促進基本計画の達成を図ったものである。これにより，市町村数はほぼ3分の1になり，1961年（昭和36年）には3472となった。

● 平成の大合併

　平成の合併は，地方分権の担い手にふさわしい行財政基盤を有し，地域の総合的な行政主体としての基礎的自治体を形成するという目標で，政府

図 I-2-7　平成の合併による人口階級別の市町村数の変化

上段：平成22年 3 月31日　　下段：平成11年 3 月31日

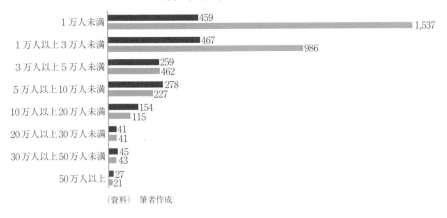

1 万人未満　459 / 1,537

1 万人以上 3 万人未満　467 / 986

3 万人以上 5 万人未満　259 / 462

5 万人以上10万人未満　278 / 227

10万人以上20万人未満　154 / 115

20万人以上30万人未満　41 / 41

30万人以上50万人未満　45 / 43

50万人以上　27 / 21

（資料）　筆者作成

の強いリーダーシップのもとに行われた市町村合併である。

　市町村の合併の特例に関する法律に基づき，1999（平成11）年から2005
（平成17）年までは，合併特例債や合併算定替の大幅な延長といった手厚い
財政支援措置により推進された。また，2005年以降は，新たな合併特例法
に基づく国・都道府県の積極的な関与により推進されてきた。

　平成の合併推進の結果，1999（平成11）年 3 月と2010（平成22）年 3 月を
比較すると，市町村数は3232から1727に， 1 市町村当たりの平均人口は
3 万6387人から 6 万8947人になり，平均面積も114.8 k ㎡から215.0 k ㎡に
ほぼ倍増した。また，人口 1 万人未満の市町村は1537から459と大幅に減
少した。

● 合併の評価

　平成の合併は，地方分権の担い手にふさわしい自治体とは何かという理
念から発想し，それは市町村の規模と行政能力が比例し，規模の拡大が効
率的な行政につながるという論理に基づいて合併が推進された。

　たしかに合併によって，職員の行政能力の向上，財政支出の削減等の効
果もあった反面，行政と住民相互の連帯の弱まり，想定した財政計画との
乖離，周辺部の衰退等の弊害も指摘されている。ただ，あらためて地方自

図 I-2-8　平成の合併推進の問題点

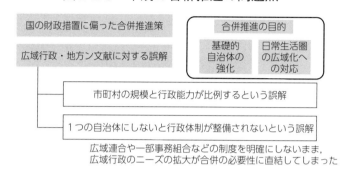

出典　『人口減少社会における都道府県と市町村』（神奈川県市町村研修センター報告
書）を一部変更

治とは何かを考える契機となったことは間違いない。

　総じて，平成の大合併の評価は厳しいが，もし，合併を選択しなかったらどうなっていたのだろう。厳しい財政状況，増える仕事，少ない職員体制で，地方自治は，ますます疲弊しなかったのか。合併をしないことで，身の丈に合った地域経営が可能となり，行政と住民，住民同士の顔が見える関係が地域課題に即応した効率的な地域経営を可能とするという意見もあるが，財政力指数の小さい町村では，結局，歳入の多くを地方交付税が占め，国に依存しての地域経営である。超高齢化が進み，国の財政状況がますます厳しさを増す中，地方交付税制度ありきの自治経営を続けるのは困難であろう。

　昭和時代の地方自治の仕組みを前提に，自治体の規模を大きくするだけの改革では地方自治の目的を達成するのは難しく，令和の時代にふさわしい地方自治の仕組みを構築する必要があるだろう。私は，その仕組みは，「自治体の規模は大きく，権限は地域に分散する」という発想になると考えている。

⑸　費用対効果の視点・行政評価制度

●行政評価の意義

　行政評価は，政策（施策，事務事業も含む）について，あらかじめ設定した基準や指標に照らして，その達成度や成果，執行状況の妥当性を判定し，

その結果を政策等に反映させることで，より効果的かつ効率的な行政運営，市民満足度の高い行政サービスの提供を目指すものである。

　これまでの行政活動では，どれだけのコスト（予算や職員）を投入したか（インプット），あるいは，どれだけの成果が出たか（アウトプット）が評価の基準となっていた。これに対して，行政評価は，どれだけの効果があったか（アウトカム）を考えるもので，効率性や費用対効果の発想を自治経営に取り入れるものである。

　観光客の誘致で考えると，これまでは，インプット（観光誘致キャンペーンの予算）やアウトプット（キャンペーンの回数等）で評価されたが，アウトカム（キャンペーンを契機に増加した観光客数）で仕事を考えるのが行政評価である。

● 行政評価の時代背景

　すでに見たように，官官接待は，1995（平成7）年の流行語大賞である。ここでは税金の無駄遣いが露呈した。バブル景気の崩壊は，1991（平成3）年からで，1997（平成9）年には山一證券などが倒産した。

　高度経済成長を前提として計画・実施された各種施策や時代にそぐわなくなった施策の見直しや廃止が求められた。同時に，政策運営を低経済成長の時代に合わせたものとし（スクラップ＆ビルド），限られた予算の中で最大の効果を発揮することが求められるようになった。

　行政評価は，こうした時代背景のもと，これまでの自治経営に乏しかった成果や効果という考え方を導入するものである。

● 行政評価ブーム

　日本において行政評価を最初に導入したのは三重県（1996年・平成8年）であるが，これがブームとなり，その後，さまざまなバリエーションが生まれてきた。

　静岡県の業務棚卸表制度は，「何の目的のために，何をするのか」という仕事（業務）の内容を目的別に表に整理（棚卸）し，「見える」化した上で，それを元に評価を実施し，予算や組織へと反映するものである。

　北海道の時のアセスメント制度は，時を基準に，社会状況や住民要望な

表 I-2-2　行政評価の意義・ねらい

	都道府県	指定都市	市区町村	合計
行政運営の効率化	87.2	84.2	93.4	92.9
行政活動の成果向上	97.9	84.2	81.3	82.7
予算圧縮・財政再建	38.3	47.4	55.0	54.2
企画立案過程の改善	59.6	47.4	37.9	39.1
PDCAサイクルの確立	89.4	89.5	89.5	76.5
顧客志向への転換	31.9	26.3	23.9	24.3
住民サービスの向上	48.9	73.7	67.0	66.3
アカウンタビリティ	85.1	100.0	66.4	67.8
職員の意識改革	66.0	78.9	82.0	81.2

（出典）　総務省・地方公共団体における行政評価の取組状況等に関する調査結果

どの変化の中で，改めて点検・評価を加える必要のあるものについては，大胆な見直しを行うものである。

　その後，後続自治体に導入された際には，「自治体業務の見える化」や「時代の変化を踏まえた施策の見直し」等，様々な観点・目的，予算や組織との連動等，様々な機能が付与されていった。

● 評価疲れ・評価不要論

　その結果，行政評価に対しての期待値が上がりすぎ，行政評価への失望を生むことになった。また，機能を増やすために評価シートの記載項目が増大してしまい，現場の負担が増大となり，評価疲れや評価不要論へ繋

表 I-2-3　行政評価を廃止した理由

	指定都市(1) 団体数	構成比(%)	市区町村(51) 団体数	構成比(%)	合計(52) 団体数	構成比(%)
所期の目的を達成	0	0.00	11	21.6	11	21.2
評価制度の充実に向けた見直し	0	0.00	8	15.7	8	15.4
事務量に対して効果が少ない	0	0.00	7	13.7	7	13.5
職員の事務負担が大きい	0	0.00	5	9.8	5	9.6
自治体規模が小さく体制が取れない	0	0.00	4	7.8	4	7.7
評価の有効性・妥当性に疑問	1	100.0	4	7.8	5	9.6
その他	0	0.0	12	23.5	12	23.1

（出典）　総務省・地方公共団体における行政評価の取組状況等に関する調査結果

がっていく要因となった。

　なによりも，平成の時代，バブル経済の崩壊後に採用された行財政改革
は，事業の見直し・削減，組織や定数の見直し・スリム化，外郭団体等の
統廃合を内容とした縮減型のもので，ここで採用されたのが，減分主義に
基づくゼロベース予算，一律カット方式である。これによって，確かに行
政コストは削減できたが，行政効果も減少してしまい，「最小の費用で最小
の効果」になってしまった。

(6)　民間の発想の導入・NPM

　NPM（New Public Management）は，民間企業のマネジメント手法を公的
部門に導入し，公的部門の効率化・活性化を図るという公共経営の考え方
である。

● NPM の系譜

　NPM のモデルであるイギリスでは，「ゆりかごから墓場まで」の福祉国
家政策をとっていたが，1970 年代前後になると，政府の肥大化が社会の活
力を阻害しているとみられるようになった（政府の失敗）。そこで，小さな
政府を目標に，政府部門の縮小，競争原理の導入，規制緩和・自由化等が
行われた。これがサッチャー改革である。それが日本にも波及し，日本で
は，2001（平成 13）年 6 月に，当時の小泉内閣が閣議決定した経済財政諮問
会議答申（骨太の方針）にも登場した。

　経済財政諮問会議では，「納税者の視点に立ち，公的部門の無駄を排除す
る。この観点から，新しい行政手法に公的部門全体で取り組む」とされ，
納税者である国民は，「納税者として公共サービスの費用を負担しており，
公共サービスを提供する行政にとっていわば顧客」に位置づけている。

　NPM は，「民にできるものは民で」という発想で，民間委託（アウトソー
シング）や PFI 等を活用することで，行政組織のスリム化を図り，競争原理
を働かせることで，低成長，少子高齢化社会にふさわしい行政運営と財政
基盤の強化を図ることにした。

● NPMの内容

NPMに基づいて，次のような政策が採用された。

①市場メカニズムの採用‥‥公的部門に競争を持ち込んで，少ない費用で大きい成果を生み出せるようにする。民間の経営手法を導入することで効率的な行政運営を行う(指定管理者制度[14]，PFI事業[15]，民営化，民間委託)。

②顧客主義の重視‥‥公共サービスの顧客である市民の満足度を重視するという考え方である。これは単なる接客マナーを改善するというレベルの問題ではなく，公共サービスの質的改善をめざすものである(パブリックコメント制度[16]，行政評価システム)。

③ヒエラルキー構造の簡素化‥‥管理重視のヒエラルキー組織から，マネジメントの容易な小単位・フラットな組織にすることである。迅速な判断ができるようにするものである(チーム制・グループ制，組織内分権)。

④業績・成果による統制‥‥インプット(資源投入量)管理から，アウトプット(政策施行による直接的な結果)やアウトカム(政策施行によって生ずる間接的な成果)管理への転換である(目標数値の設定，費用対効果評価)。

14　平成15年の地方自治法の一部改正によって導入された。これにより，従来は公の施設の管理委託者は公共団体，公共的団体，地方公共団体の出資法人に限られていたが，民間の営利法人も含めた法人その他の団体にも拡げられた。民間の保有するノウハウ等を広く活用するのが狙いである。指定管理者は，利用者からの料金を自らの収入として収受すること，条例により定められた枠組みの中で，地方自治体の承認を得て自ら料金を設定することができることになった。

15　PFIはPrivate Finance Initiativeの略で，公共施設等の設計，建設，管理，運営等を民間の資金，経営能力及び技術的能力を活用して行う新しい手法である。国や地方自治体が直接実施するよりも効率的かつ効果的に公共サービスを提供できる事業について，PFI手法で実施する。

16　基本的な政策や条例等の策定過程において，案の段階で広く公表し，市民等からの意見を求め，寄せられた意見や要望，情報に対する市の考え方を明らかにするとともに，有益な意見等を考慮して政策等の意思決定を行う仕組み。気が付かなかった視点や意見など多様な意見を出してもらうためのもので多数決の制度ではない。

● 民感区役所もつくられる

　この時代，横浜市では「民感区役所」もつくられた(2003年・平成15年
5月)。顧客主義を具体化する「先進的な」試みといえるもので，当時の横
浜市中田市長の発案で，「企業研修経験者を集めた区役所をつくろう」とい
うものである。民感区役所とされた横浜市港南区役所は，管理職の多くを
企業研修経験者でかためられた。

　民感区役所では，行政サービスの基本は，すべてを直営で実施するので
はなく，インターネット・電話・郵便などの通信手段，あるいは宅配業
者・コンビニェンスストアなどの流通手段を活用し，最小のコストで，実
質的に区役所の行政サービスを24時間365日担保していくという発想が，
基本的な考え方である。

　　民感区役所宣言
　　1．より快適な区役所に変わります(区役所を明るく快適な空間としま
　　　す。わかりやすい区役所をつくります)。
　　2．より親切な区役所に変わります(さわやかで親切な窓口にします。
　　　職員の資質向上に努めます)。
　　3．より信頼される区役所に変わります(積極的な情報の公開と提供に
　　　努めます。事業の見直しと効率化を図ります)。
　　4．より便利な区役所に変わります(365日区役所を目指し，検討を始
　　　めます。さらに便利なサービスを追求します)。

　内容的にはもっともで区民感覚を大切に，サービス・効率・スピード重
視，民間企業の経営感覚，お客様満足度100％をめざすものと言える。ただ，
これを具体化して，コンシェルジュを窓口に置き，来庁者を「お客さま」と
呼び，「いらっしゃいませ」とあいさつすることなどは，顧客主義の行きす
ぎを示すものだろう。

● NPMの課題

　「住民は顧客であり，行政はその満足度の最大化を追求すべきである」と

いう主張は，インパクトがあり，強いメッセージ性もあるが，一定の限界も持っている。

まず，市民の位置づけであるが，地方自治法の顧客というだけではなく，公共の担い手・作り手という側面もある。自治体は，市民が提供する公共的なサービス(活動)を支援する機能を果たす役割もある。

そもそもNPMのねらいは，コスト削減だけでなく，民間の視点を取り入れることで，公共サービスの質的向上をめざしたものであるが，実際は，行政サイドの供給改革にとどまり，コスト削減に走って，結局，公共サービスの質の低下やコミュニティの解体を招いてしまった。

また，顧客主義は，本来は，そこからマイノリティの主張の本質を見て，自治体が行うべき政策を組み立てることに意味があるが，実際にはそういうことにならず，地方自治法が持つ構造的な限界(自治体へのサービス要求，自治体職員等に対する監視)と相まって，ノイジー・マイノリティに対する特別の配慮になってしまった。

(7)　平成という時代・内向する地方自治

● 翻弄される行政

要求・監視型の地方自治が限界となるのは，地方自治を取り巻く社会構造の変化に，地方自治法の仕組みが追い付いていけなくなった結果である。税収だけに頼り，行政と議会が地方自治を行うという地方自治法の限界である。

それゆえ本来ならば，改革の方向性は，行政や議会とともに，自治の担い手である市民にこそ向かうべきであるが，現実には，行政に向かうことになった。

そうなった主な理由のひとつが，取り組みのしやすさがあったことは否定できないだろう。職員は，地方自治法では，首長に対する補助機関であり，実際，昇進や配転等の権限を持つ首長の力は，職員に対しては圧倒的で，職員は，首長からの指示，命令には，事実上抵抗できないからである。

こうしたなかで，行政改革は，当面は人件費の削減に向かうことになる。採用抑制，退職者不補充，非常勤職員の採用などが，矢継ぎ早に行われた。

図I-2-9は，自治体職員の区分と職員数の推移であるが，今や地方公務

図 I-2-9　正規職員・非正規職員（職員数の推移）（単位：万人）

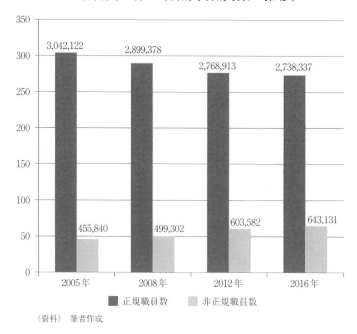

（資料）　筆者作成

員の約4人に1人が非正規職員という計算になる。正規職員の削減を非正規職員で補うという構造が顕著に出ている[17]。

● 疲弊する職員

　厳しい財政状況を受けた行財政改革は，職員の削減に向かうが，職員数は，指定都市を除いて減少しており，全国的にも基礎自治体の人的体制は，慢性的に厳しい状況となっている。

　これは総務省より示された行財政改革（平成17年3月29日付「地方公共団体における行政改革の推進のための新たな指針」及び平成18年8月31日付「地方公共団体における行政改革の更なる推進のための指針」）の推進の

17　このように，一般職の非常勤職員は，自治体業務において無視できない存在となったが，これまではその任用等に係る制度が不明確だった。平成29（2017）年5月の地方公務員法の改正で，「会計年度任用職員」（勤務時間はフルタイムと短時間の2種類）の規定を新設し，その採用方法や任期等を明確化した（地公法第22条の2）。

図 I-2-10　主な疾病分類別の長期病休者（10万人率）の推移

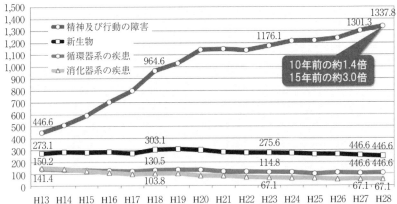

凡例:
- 精神及び行動の障害
- 新生物
- 循環器系の疾患
- 消化器系の疾患

吹き出し: 10年前の約1.4倍　15年前の約3.0倍

グラフ上の値:
- 精神及び行動の障害: 446.6 → 964.6 → 1176.1 → 1301.3 → 1337.8
- 新生物: 273.1 → 303.1 → 275.6 → 446.6 → 446.6
- 循環器系の疾患: 150.2 → 130.5 → 114.8 → 446.6 → 446.6
- 消化器系の疾患: 141.4 → 103.8 → 67.1 → 67.1 → 67.1

横軸: H13年度 H14年度 H15年度 H16年度 H17年度 H18年度 H19年度 H20年度 H21年度 H22年度 H23年度 H24年度 H25年度 H26年度 H27年度 H28年度

（出典）　一般財団法人地方公務員安全衛生推進協会・地方公務員健康状況等の現況調査結果

影響が特に大きいと思われる。

　慢性的で厳しい人的体制は，時間外勤務の増加，臨時職員の増加などにつながっていく。その逆に，住民ニーズは，ますます多様化，高度化していく中で，職員一人当たりの業務量も増加した。こうした職場環境の悪化が，職員の心のゆとりをなくし，長期病休者の増加につながっている。

　長期病休者を主な疾病分類別で見ると，「精神及び行動の障害」が全体の54.1%を占め，10年前の約1.6倍，15年前の約3.4倍と急増していることが分かる。もはや職員個人の努力だけでは，対処できない状況になっている。

● 守りの行政

　自治体職員を取り巻く厳しい状況と，地方自治法の要求・監視型のシステムがマッチすると，守りに徹した行政が行われるようになる。市民からの要求・監視，ときにはそれがエスカレートした非難や攻撃にも耐えられるように，行政は防衛線をぐっと下げて行動するようになる。

　法的対応は常に後追いになり，法的保護の行きわたらない政策課題が地方自治の現場では常に発生するが（例えば空き家問題），その課題に行政が踏み込もうとせずに傍観する場面が頻発する。

　しかし，これはある意味，無理もないことで，行政が意を決して踏み込

むと，相手方から，その法的根拠を問われ，立ちすくむことになるからである（「どういう根拠で市民の空き家に立ち入るのだ」）。

「誤ったコンプライアンス」であるが，コンプライアンスは，法令遵守と訳され，「法令を守る」という形式的・消極的な意味で理解されることで，それが職員の行動を「合法性を抗弁できるかどうか」に矮小化させる結果となってしまった。

要するに，行政に要求し監視するという視点はむろん重要であるが，それだけでは地方自治は役割を果たせなくなってしまったということである。現実に起ころうとしている課題に対して，行政が前に出ることを後押しする，励ましの地方自治が必要になっているということである。

● ポピュリズムの加速

ポピュリズムには，2 つの意味がある。

一つは，議会における熟議を迂回して，有権者に直接訴えかける政治手法の意味で，政治指導者が，「レトリック」を駆使し，「変革」を訴え，「カリスマ性」を発揮する政治スタイル・政治手法の意味である。

他の一つが，人民の立場から既成政治やエリートを批判する政治運動としての意味である。ポピュリズムのもともとの起源は，19 世紀後半のアメリカで，鉄道や金融資本に苦しめられていた農民が，1892 年に人民党（ポピュリスト党）」を結成して，金融資本等に対抗したものであるが，この歴史が示すように，ポピュリズムは，人民が，既成の権力構造やエリート層を批判し，政治変革を目指す運動としての側面を持っている。

後者の意味では，ポピュリズムは，民衆の声とし，民主的なものとして生まれたものであるが，人民とエリートを対比させる発想が，人民は「か弱き善」，エリートは「人民を踏み台にする悪」といった二項対立のステレオタイプ化され，そこで思考停止することで，価値の相対性を基本とする民主主義とは相容れないものになっていった。

近年，地方自治の世界においても，その傾向は顕著で，首長や議員といったエスタブリッシュメントに対する漠然とした不満や不信と，市民が持つ都市伝説（自治体職員は，9 時から 5 時までの勤務で，高給をもらってのんびり仕事をしている）が合わさって，地方自治の分野でもポピュリズム

の弊害が目立つようになった。

　これに政治手法としてのポピュリズムが使われ，良いか悪いか，単純にわかりやすく，二者択一で迫る手法(例えば住民投票など)が使われるから，悪しきポピュリズムがさらに加速されてしまう。

　これらは民主主義への脅威というべきものであるが，こうした現状に対して，民主主義の学校である地方自治が，最後の砦として，踏ん張ることが期待されているが，監視の地方自治は，結果的に反知性主義やポピュリズムをさらに加速する結果となっている。

● 励ましの地方自治の展開へ

　本来，政府は市民の政府であるはずであるが，気を抜くと政府は権力を濫用し，国民の権利を侵害することになってしまうので，政府を縛り，監視するために，憲法がつくられ，政府を監視する制度がつくられた。この18世紀の事情に対応してつくられた国と国民との間のシステムを地方自治に当てはめたのが地方自治法とその制度である。

　しかし，国ができるはるか以前から，地方自治はあった。私たちは，地域の問題を自分たちで考え，協力しながら解決するという，自治の長い歴史を持っている。

　政府に対する監視が，本来の趣旨を見失い，政府への要求，依存に転じ，さらには，市民が本来持っていた自治の力を失わせてしまっているなかで，ずっと続けてきた市民の自治を再度思い出し，自治の力を使って，閉塞感に苛まれている社会を乗り越え，新たな社会を再構築していく必要があるのではないか。これが励ましの地方自治のテーマである。

第Ⅱ部　令和時代の地方自治・大転換のとき

第1章　令和という時代

(1)　国の危機感（2040年問題）

● 自治体戦略2040構想研究会報告

　迫り来る我が国の内政上の危機に対して，国は「自治体戦略2040構想研

図Ⅱ-1-1　社会保障給付費の見通し（経済：ベースラインケース）

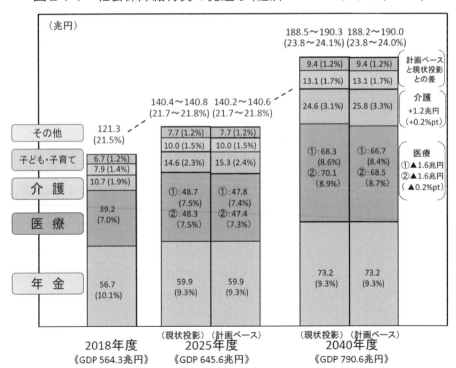

（出典）　2040年を見据えた社会保障の将来見通し(内閣官房・内閣府・財務省・厚生労働省)

究会報告」をまとめた[35]。

　同報告では，人口は既に減少局面に入っていることから，これまでの人口増加モデルの総決算を行い，新しい社会経済モデルの検討が必要であるとし，人口減少が深刻化し，高齢者人口がピークを迎える2040年頃の姿から逆算する形で，課題を整理するとしている。

　第一次報告では，このまま放置すれば2040年頃にかけて迫り来る3つの「内政上の危機」をかなり衝撃的に取り上げている。

1. 若者を吸収しながら老いていく東京圏と支え手を失う地方圏
   ○ 人口ボーナスを享受してきた三大都市圏は急激な高齢化局面に突入
   ○ 東京圏は入院・介護ニーズの増加率が全国で最も高い。医療介護人材が地方から流出のおそれ
   ○ 東京圏には子育ての負担感につながる構造的要因が存在し，少子化に歯止めがかからないおそれ
   ○ 地方圏では東京からのサービス移入に伴う資金流出が常態化
2. 標準的な人生設計の消滅による雇用・教育の機能不全
   ○ 世帯主が雇用者として生活給を得る従来の世帯主雇用モデルがもはや標準的とはいえない
   ○ 就職氷河期世代で経済的に自立できない人々がそのまま高齢化すれば社会のリスクになりかねない
   ○ 若者の労働力は希少化
   ○ 教育の質の低下が，技術立国として，国際競争での遅れにつながるおそれ
3. スポンジ化する都市と朽ち果てるインフラ
   ○ 多くの都市で「都市のスポンジ化」が顕在化。放置すれば加速度的に都市の衰退を招くおそれ
   ○ 高度経済成長期以降に整備されたインフラが老朽化し，更新

35　自治体戦略2040構想研究会からは，2018年4月26日に第一次報告、同年7月3日に第二次報告が公表された。

投資が増加
○　東京圏では都心居住が進むが，過度の集中は首都直下地震発
生時のリスクに

　2040年頃にかけて迫り来るこうした危機を乗り越えるには，地方自治体
も，持続可能な形で住民サービスを提供できるようなプラットフォームで
なければならないとしたうえで，新たな自治体と各府省の施策（アプリケー
ション）の機能が最大限発揮できるように自治体行政（OS）の書き換えを大
胆に構想する必要があるとしている。

● OSの書き換え
　問題提起は鮮やかであるが，問題は，その答えである。報告書は，OSの
書き換えの方向性を次のように整理している。
　①個々の市町村が行政のフルセット主義を排し，圏域単位で，あるいは
圏域を越えた都市・地方の自治体間で，有機的に連携することが必要であ
る。それによって，人が人とのつながりの中で生きていける空間を積極的
に形成し，人々の暮らしやすさを保障していく。
　②都道府県・市町村の二層制を柔軟化し，それぞれの地域に応じた行政
の共通基盤の構築を進めていくことも必要である。
　③医療・介護ニーズの急増や首都直下地震への対応など，東京圏の大き
な行政課題に対処していくためには，いわゆる埼玉都民や千葉都民なども
含めた東京圏全体のサービス供給体制を構築していく必要がある。
　④若年層の減少により，経営資源としての人材の確保がより厳しくなる
なか，公・共・私のベストミックスで社会課題を解決していくことが求め
られる。他方，定年退職者や出産を機に退職した人など，企業等で築き上
げた能力が十分活かされず，活躍の場を求めている人も多い。就職氷河期
世代には，これまで十分活躍の場が与えられてこなかった人がいる。こう
した人々が多様な働き方ができる受け皿を作り出す方策について検討する
必要がある。
　⑤これまで自治体が個々にカスタマイズしてきた業務プロセスやシステ
ムは，大胆に標準化・共同化する必要がある。更には，今後は，ICTの活

用を前提とした自治体行政を展開する必要である。

(2)　自治体の役割・OSの書き換え

● 自治体の役割

　この報告書で期待されている自治体の役割は，次のように整理できる。

　①2040年頃の自治体の姿は運命的に与えられるものではなく，住民が自らの意思で戦略的につくっていくことができるものである。

　②自治体が住民とともに落ち着いて建設的な議論に向かい，時間をかけて準備ができるよう，我が国全体で共有できる長期的な戦略を早い段階で定め，住民にとって実感のできる選択肢を示す必要がある。

　③自治体は，地域の戦略本部として，制度や組織，地域の垣根を越えて，資源（施設や人材）を賢く戦略的に活用する必要がある。個々が部分最適を追求することにより合成の誤謬に陥らないようにしなければならない。

　④自治体は，単なる「サービス・プロバイダー」から，公・共・私が協力し合う場を設定する「プラットフォーム・ビルダー」への転換が求められる。

● OSの基本からの書き換え

　基本的には，その通りだと思うが，OSの書き換えがソフトのバージョンアップにとどまらないようにするためには，より大胆なOSの書き換えと，さらなる具体的な提案と実践が必要である。それが本書の提案でもある。

　①自治の基本を民主的統制のくびきから解き放ち，もう一つの柱である「励ましの地方自治」を構築することである。18世紀の事情に対応してつくられた国と国民との間のシステムにとどまっている限り，未来の自治への展望は開けない。励ましの地方自治という発想は，これまで続いてきた地方自治の常識を覆す大胆な試みであり，新しい文化を構想することと同じような遠大な試みではあるが，もうそこに踏み込むしかないのだと思う。ここが一番のポイントである。

　②行政（首長・自治体職員），議会・議員，自治会・町内会等の地域コミュニティ，NPO等のテーマコミュニティ，大学，企業等の自治の関係者が，自治の当事者となって，まちのため，地域のために，その持てる力を

存分に発揮することである。それらを励まし，後押しすることで，一人ひとりの潜在力を社会変革の大きな力に変えることができる。この点は，報告書にも「公・共・私のベストミックス」と書かれているが，もっと直截的に，力強く訴えたほうがいい。

　③励ますという観点に立てば，チームとしての自治体ができる。報告書には，「都道府県・市町村の二層制を柔軟化し」と書かれているが，都道府県・市町村はひとつのチームである。都道府県・市町村どちらがサービスしようと，住民にはほとんど関係ない。チームとして一体となって，住民サービスを担当する。厳しい経営環境に置かれている市町村を都道府県が励まし，その役割を見失いつつある都道府県を市町村が励ますのである。明治以来，続いてきた，二層制の再構築はここからスタートする[36]。

　④そして地方自治法の抜本的改正にも踏み込む必要がある。新しい地方自治法は，行政・議会がその役割を十二分に果すとともに，市民一人ひとりの個性が尊重され，その持てる知識，経験，行動力を存分に発揮できるように支援し後押しする「励ましの地方自治法」である。

36　自治体戦略2040構想研究会の報告が，第32次地方制度調査会に引き継がれ，2019年7月には中間報告が出されている。ここでは行政のデジタル化や地域や組織の枠を超えて連携・役割分担等が方策として提案されている。地方制度調査会は，地方行政体制のあり方を調査審議し，地方自治法の改正につなげることを主たる守備範囲としてきた。「迫り来る我が国の内政上の危機」に対しては，漸進的な改正ではなく，今後の地方自治のあり方を示す抜本的な提案が期待される。

第2章　令和時代の地方自治・監視の地方自治から励ましの地方自治へ

(1)　励ましの地方自治

● 励ましの地方自治の意義

　自治体が税金を使って公共サービスを行い，その自治体をチェックすることで，市民一人ひとりが尊重される社会を実現するという自治だけでなく，それと並行して，自治の担い手である行政や議会が，その使命を存分に発揮できるように励まし，また市民，コミュニティ，企業等も，公共の担い手として，その持てる力を存分に発揮できるように後押しするのが，励ましの地方自治である。自治体（行政・議会）の監視という単線的な自治だけでなく，それと併せて，自治体や市民，コミュニティ等が存分に力を発揮する双輪型の自治を目指すのが，励ましの地方自治である。

　かつて，ナショナルミニマム，シビルミニマムが達成されていない昭和の時代ならば，政府に対しそれを求め，政府と対峙する要求・対立型の自治は，豊かな社会を実現するのに有効な方法であった。

　ところが，ナショナルミニマム，シビルミニマムが一応達成されるようになると，対立・要求は，成長のバネにはならず，むしろ社会全体にとって大きな負担になってくる。要求・対立が，結果的には依存に転化し，市民が本来持っていた自治力を蝕んでいくことになった。

　これに対して励ましの地方自治は，これまで政府任せであった市民が，公共的なことにかかわり，持てるパワーを発揮するというものである。そのパワーをエネルギーに転換して，次世代に持続可能な新たな社会をつくっていくのが励ましの地方自治である。こうした新しい社会づくりは，一定の豊かさを実現し，市民力が豊かな日本でなければできないことである。それを地

域からやっていこうというのが，励ましによる自治経営である。

● 地方自治の現場から−監視だけで幸せになれるのか

　励ましの地方自治への転換は，自治の現場から考えると容易に理解できる。

　どこの自治体でも市政の最重要課題は，防災，防犯，子どもの安全，高齢者福祉である。近年，特に市民的関心が高いのが防災で，必ずやってくる大震災に対して，できる限り事前の準備を行い，発生する被害を最小限に防ぐ必要があるが，それは，市民が自治体に要求し，自治体を監視するだけでは十分ではない。市民自身のほか，警察，救助隊員，消防団，自治会・町内会，民生委員や児童委員，各種NPO，他自治体の職員・NPO・市民等が防災活動に関わり，相互に協力，助けあうことではじめて実現できる。

　そのほか，防犯，子どもの安全，高齢者福祉についても事情は同じである。こうした市民等の活動を励まし，後押しすることも自治体の重要な役割となる。

表Ⅱ-2-1　大災害の発生・時間経過と関係者の役割

時期区分	中心的な課題
災害発生直後 （直後〜1週間）	・人命救助・安全確保が最優先 ・被害は，高齢者・障害者，情報弱者に集中 　安否の確認，救出活動（移動介助），避難所への誘導，けがや病気への応急処置，さらには初期ニーズの把握，ボランティアの受け入れ体制準備，生活必需品の拠出（物資の調達，配布）等の活動は，市民の自立を基本とし，あわせて地域コミュニティなしには行うことができない。
生活支援期 （1週間〜1か月程度）	・被災者住民の生活支援 ・避難所生活の安定化（慢性疾患，精神衛生，避難所の環境への配慮） 　救援物資の仕訳や配布，調達，避難所の手伝い（炊き出し等），被災者のニーズの把握，屋内，屋外の片づけ，個別ニーズに応じた手伝い（外出の付添，引っ越し手伝い，外部のボランティアの受け入れ等 　市民の自立を基本とし，それを地域コミュニティ，この分野を得意とするNPOの活躍と相互の連携が欠かせない。
再建・復興期 （1か月以降）	・被災者の自立と生活の再建 ・個別ニーズに対応した活動 　日常的な福祉ニーズへの対応（通院，話し相手），屋内，屋外の片づけ，個別ニーズに応じた手伝い（外出の付添，引っ越しの手伝い） 　市民の自立を基本とし，それを地域コミュニティ，この分野を得意とするNPOの活躍と相互の連携が欠かせない。

（資料）　筆者作成

● 監視の地方自治の積極的意義は無視するものではない

　誤解してはいけないので，念のために書いておこう。励ましの地方自治は，監視の地方自治を無視するものではないという点である。

　自治体は市民の政府ではあるが，権力的な存在であるという一面を持っているため，時には，市民の権利・自由を侵害する場合がありえる（歴史的にも戦争目的のため地方自治が国民監視の手段として使われた）35。そこで，市民の意思に従って，自治体が行動することを求めるとともに，自治体の専横から市民の権利・自由を守るという監視の地方自治も積極的意義を持っている。

　励ましの地方自治の考え方は，この監視の地方自治の積極的意義まで否定するものではなく，これまでは，地方自治法に基づく監視の地方自治一辺倒であったのを改め，それと並行して，励ましの地方自治も行う双輪型の地方自治をめざすものである。

(2)　国と地方は違う・励ましの地方自治の背景

● 協力・助け合いの装置としての地方自治

　日本の地方自治の原点は，アジアモンスーンに育まれた風土にある。

　アジアモンスーン地域のはずれに位置する日本では，降る雨を活かして稲作で暮らしてきた。6 月から 7 月，梅雨前線は日本の南岸に停滞し，ぐずついた天気をもたらす。また夏から秋にかけては，台風が何度も上陸する。その影響で，日本の降水量は 1 年間で平均1718mm，世界平均（880mm）の約 2 倍にも達する。

　ところが，日本の河川は極めて急峻で，何もしなければ，せっかく降った雨が，一気に海に流出してしまうことになる。そこで，日本では，自然に手を加えて，灌漑することによって，稲作を行ってきた。川から水路を

35　国は戦時体制を強化するために，部落会町内会等整備要綱を通達して（1940年），部落会や町内会を市町村長の支配下に置いた。この町内会の下には，10 戸前後の家庭をひとつの班とする隣組がつくられた。この隣組制度は，のちに大政翼賛会の下部組織に移されて，配給物資の分配，空襲に対する防空訓練，さらには非国民活動の監視など，戦争目的の遂行という役割を担うことになった。

引き，毛細血管のような水路網を整備したが，その水路の総延長は約40万kmにも及ぶという。

　水の利用と管理ルールは，飢餓と直結し，人々の生死と関係するから，用水の配分方式は，強い規範として構成員を制約する。その貴重な水を村人同士で分かち合うための共同管理機能も発達させてきた。それでも，水をめぐっては，隣村や村内のトラブルが起こるが，その調整機能も発達させた。ただ，管理や調整だけでは息が詰まるので，親睦機能も充実する。むら祭りである。

　歴史的には，日本では，こうした地域の相互扶助により人々の暮らしは支えられてきた。互いの信頼と協力・連携というソーシャル・キャピタルが，暮らしの中に蓄積されて，今日の地方自治の土台となっている。このようなムラの機能を維持・運営するため，村役場などの機関がつくられるが，この機関は，もともとは村人を管理するためでなく，村人を守るために存在する。

● 現実の共同体としての地方自治

　同じ国家に所属している人々のことをネーション（nation）と呼ぶ。そして，国家の一員として，歴史，文化，言語を同じくするという思想がナショナリズムである。このナショナリズムは，新しい概念で，一般には1789年のフランス革命に始まるとされる。

　ベネディクト・アンダーソン（Benedict Richard O'Gorman Anderson）は，ネーション（nation）をイメージとして心に描かれた「想像の共同体（imagined community）」と呼んだが，ネーションは，どこかに実在するものではなく，人々の頭の中に形成される想像の産物である。

　ネーションをつくるために，政府は，無理をすることになる。国語の統一もそのひとつで，フランス革命当時でも3割のフランス人はフランス語を話せなかったという。日本も事情は同じで，ばらばらな日本を統一するために，時の政府は標準語をつくり，教育制度を整備して，急速に日本人としての一体化を図っていく。また国民国家は歴史をも偽造する。国が一つという考え方に反する歴史的事実は，否定されることになる。

　他方，国家ができるずっと以前から地方自治は行われていた。国が想像

の共同体ならば，地方は現実の共同体である。人が集まって一緒に暮らすようになると，さまざまな問題が起こるが，これら諸問題を地域住民で連携，協力しながら，解決してきたのが地方自治である。

　この地方自治を支えるのがパトリオティズム（郷土愛）である。パトリオティズムも多義的に使われるが，自らが生を享け，暮らしてきた土地に対する執着と愛情という思想で，そこから連携や協力が生まれてくる。パトリオティズムは，つくられたものではなく，自然に身についたものである。地方自治は，国民国家のように，たかだか200年の歴史ではなく，はるか昔から，私たちは日々の生活の中で続けてきた。

　とりわけ日本では，パトリオティズムの奥に高い市民性がある。これは明治維新に先立つ江戸時代の名望家たちによる公共活動と庶民の教育・教養の高さに由来するが，この「豊かな市民性」を再確認し，それを発展させていくのが，新しい地方自治である。そして，国と地方の違いを明確にしたのが，2000年の地方分権改革である。

● 地方に主権はあるか

　主権国家を前提とすると，地方自治権といえども国家に淵源があること，また後程述べる二重の信託論によって，国に対する信託システムを地方にも持ち込むと，地方も国と同じように，権力的な存在と考えることになる。

　では国と地方は同じなのか。

　国と地方の最大の違いは，国には主権があるが地方には主権がないということである。

　国家の要件は，領土，国民，主権であるとされている。このうち主権概念は，絶対君主が地方に群雄割拠する封建領主やローマ法王の干渉を排除して，権力の一元化を図ってきたという歴史的経緯から分かるように，絶対性を基本とする。

　主権は多義的な概念で，統治権（国家権力そのもの），最高独立性（国家権力が対外的に他のいかなる権力主体からも意思形成において制限されず独立であり，対内的には他のいかなる権力主体にも優越して最高であること），最高決定権（国政についての最高の決定権，最終決定力）が主権の内容

に含まれる³⁶。

　これに対して，地方には主権がない。もし地方に主権があれば，領域内
のすべての人や物に対し排他的に統治を行い，自由に処分することができ
ることになってしまう。地方に主権があれば，自治体ごとの制度の違いが
許容されることになる³⁷。地方主権は，連邦制まで行きつくが，国民の多く
は，そこまでは望んでいないであろう。我が国において，地方主権と言っ
ても，「地方の主導権」程度の意味で，地方の自立（自律）を言っているに過
ぎない。

　主権論から考えれば，国の行動原理は統治になるが，これに対して，主
権がない地方の行動原理は，統治とは別の原理，つまり協治（自立と助け合
い）による。

● 行動原理の違い

　国と地方では，何よりも対峙すべき相手が違う。国の場合は，主権国家
を前提とする限り，対峙する相手方は他国である。主権を守るために，交
戦権があるという議論になる。これでは戦争を誘発するばかりだから，共
同体をつくり，戦争を止めようという試みがEUである。主権は，領土支
配という属地性を持つとともに，国民を支配するという属人性もあわせ持
つ。主権国家は，領域内にあるすべての人や物を支配する権限を持つが，
そのための国内法を自由に制定でき，それを担保するための軍隊や警察を
持つことができる。その行き過ぎを規制するのが立憲主義である。

　これに対して，地方自治で対峙すべき相手は，住民の身の回りで起こっ
ている災害や犯罪，環境の悪化，老いや病気などである。ここでは侵略す
る外国も，懸案の領土問題も出てこない。

　対峙すべき相手が違うということは，守る方法が違ってくるということ
である。国の場合は，対内的主権を貫徹するために，警察等の強制力を行
使するが，他方，地方の場合，それらもある程度は必要であるが，それだ
けでは，災害や老い・病気，環境の悪化等といった地域の課題から，市民

36　芦部信喜（高橋和之補訂）『憲法（第6版）』（岩波書店，2025年）39～40頁。
37　州に主権を認めるアメリカ合衆国では，カリフォルニア州では2008年に同性婚が認
　められたが，テキサス州では2015年まで認めていなかった。

の暮らしを守ることができない。市民の自覚や自主努力，相互の協力や連携，助け合いが，これら課題から市民を守る有効な手段である。政策も，規制力だけではだめで，誘導支援的な政策が重要になる。

　とりわけ日本の強みは，弥生時代時代から続く，長い日本的自治の中で獲得してきた自立性，協調性，連帯性である。他国ではまねができないこの強みを大いに活かそうというのが「励ましの地方自治」である。

● 国家論のコピーを越えて

　近年，地方自治体を地方政府と言い換えるようになった。地方分権改革推進委員会（2007年・平成19年）などの政府関係の文書にも，地方政府という言葉が使われるようになった[38]。

　政府と言えるには，立法・行政・司法の三権が必要であるが，地方自治体は，自治立法権と自治行政権を持ち，不十分ながらも行政不服審査手続き等の準司法機能を持っていることから，機能的にも政府であるとされる。

　地方政府と位置づけるねらいは，国と地方を上下とみる関係から，両者を対等な政府間関係とするためである。自治体を政府とすることで，自治体の自己統治を促進するとともに，住民による民主的統制の意義が明確になる[39]。

　他方，地方政府論は，同じ政府だから，地方自治の制度設計にあたっては，国の考え方や仕組みを持って来ればよいという単純な議論になりがちである。既に述べたように国と地方には違いがあり，それを無視して国のシステムを安易に自治体に導入すると，ミニ国家ができ上がってしまう。ミニ国家では，結局，国に絡め取られ，自治体の意義が減殺されてしまう。

38　地方分権改革推進委員会の「地方分権改革推進にあたっての基本的な考え方」では，「地方が主役の国づくり」を掲げ，「中央政府と対等・協力の関係にある地方政府の確立」を目指すとしている。同委員会は，その後の勧告の中で，地方政府という言葉を多用している。

39　政府間関係の代表的なモデルは，垂直的行政統制モデルと相互依存・水平的政治競争モデルである。この両者を併せ持つのが，日本の政府間関係で，これを柔構造的集権制から柔構造的分権制にシフトしていくのが，今後の方向性である。中央と地方のそれぞれの自立性と相互の依存・補完関係のバランスをとりながら，地方行政を行っている。

(3)　自治の当事者としてみんなが力を出す・それを励ます

● 地方自治・民主主義の学校

　ルソーは，民主主義の理想を熱く語っている。「身を労するかわりに，金を出してみるがよい。やがて諸君の手には鉄鎖が返ってくるであろう。……ほんとうに自由な国では，市民たちは万事自分の手で行い，なに一つ金ずくではすまさない。彼らは自分の義務を免れるために金を払うどころか，金を払ってもいいから自分の義務は自分で果たしたいと思うだろう[40]」。

　民主主義が機能するためには，共同体の課題に対し，市民自身が自律的に関与し，公共的な態度で臨むことが前提になる。

　「地方自治は民主政治の最良の学校，その成功の最良の保証人」といわれるが，地方自治が「共同の問題に関する共同の利益，及び公共的義務並びに個人的義務の自覚を市民に与え，之を的確公正に処理せんとする関心を持たせ」，地方自治は，「住民に対他人の為だけでなく，他人と一緒に能率的に働き得るやうな教育を人々に賦与する。それは常識，穏健性，判断力，社交心等を発達せしめる[41]」。

　地方自治は，こうした民主主義を実践するのにふさわしい舞台である。地方で民主主義を重ねていくことで，国家の統治や社会全般に民主主義が確立する。

● 価値の相対性

　民主主義の本質は，形式的な多数決ではない。単なる多数決は多数の横暴になってしまう。民主主義の基本原理は価値の相対性である。つまり，他者の主張にも価値があることを認め，そのよいところを取り入れて，よりよいものをつくっていくのが民主主義の本義である。

40　ルソー，井上幸治訳『人間不平等起源論・社会契約論』（中公文庫，2005年）第3篇第15章。
41　ジェームズ・ブライス，松山武訳『近代民主政治』第1巻（岩波書店，1929年）158〜160頁。

　ルソーは民主政の成立条件として４つを挙げている[42]。第１に，国が小さく，人民が容易に集まることができ，お互いが知り合うことが容易なこと，第２に，習俗がごく簡素で，習慣がきわめて単純で，多くの事務や面倒な議論をしないですむこと，第３に，人民のあいだで地位や財産がほぼ平等であること，第４に，奢侈がきわめて少ないか，まったく存在しないこと。

　地方自治では，住民に身近な防災・防犯，福祉など日々の暮らしの問題がテーマであり，市民が参加する条件を整え，参加の経験を累積していけば，地方自治では普通の市民でも参加できるものも多い。代表制の枠組みを前提に，市民が当事者となって，自治を運営することは十分に可能である。

● 支配と被支配の交替

　民主主義を機能させる有効な方法のひとつが，たまには支配する立場と支配される立場を交替してみることである。市民は普段は支配される立場にいるが，支配される側ばかりにいると，人任せ，無関心になる。そこで，時には市民を政策決定に主体的に関わる立場に代えることで，政策課題は多面的で複雑であり，決定は，妥協の産物で，苦渋の決断であることを実感できるからである。

　アリストテレスも，「『支配された者でなければ善き支配者たることはできない』という言葉も実際真実である。そして，この両者の徳は異なってはいるが，しかし，善き国民は支配されることも知り，かつできなければならない。そうして，それが国民の徳である[43]」と言っている。

　すべての人が交替で役職に就けば，支配者が自分の利益だけを追求することは難しくなる。次は交替して，支配される立場になるからである。逆に，いつまでも同じ人が支配の立場を続ければ，主人が奴隷を支配するようなものとなってしまうおそれがあり，また多数者の狂気にも陥りやすくなる。この支配と被支配の交替が，民主制を衆愚や専制に陥らせないカギになる。

42　ルソー，井上幸治訳『人間不平等起源論・社会契約論』（中公文庫，2005年）第３篇
　　第４章。
43　アリストテレス，山本光雄訳『政治学』アリストテレス全集15（岩波書店，1969年）
　　101頁。

80

　地方自治のように住民にとって身近な課題ならば，支配と被支配の交替を実践することは可能である。

● 「個人の尊重」によるダイナミズム

　自治の当事者として，みんなが力を出すという考え方は，憲法第13条の「個人の尊重」に由来する。

　日本国憲法には，地方自治の章（第8章）が置かれているが，その究極の目的は，憲法第13条に規定する個人が尊重される社会の実現にある。

　「すべて国民は，個人として尊重される」（憲法13条前段）とは，各個人はそれぞれかけがえのない価値を持ち，その人格は最大限に尊重されなければならないということである。「尊重」の意味は，政府によって尊重されるというにとどまらず，市民一人ひとりに価値があり，その個性や能力を存分に発揮し，社会のイノベーションを引き起こし，市民が幸せに暮らせる社会をつくっていこうということでもある。

　この個人の尊重を担保するために，第3章では，国民の基本的人権を保障し，その基本的人権を担保するために，第4章以下に，統治機構の諸規定が用意されている。地方自治は，その統治機構のひとつである。

　2012（平成24）年に自由民主党は憲法改正案をつくったが，憲法13条は，「全て国民は，人として尊重される」に改められている。これは，「個人として尊重される」という表現が，個人主義を助長してきた嫌いがあるためという理由であるとされるが，「個人として尊重される」とした規定が，一人ひとりが，その個性や能力を存分に発揮することで，社会のイノベーションを引き起こし，それが今日までの日本の発展の出発点になったこと，厳しい次の時代の日本の再発展の起点になるという歴史的，積極的意味を理解しない内容といわざるを得ない。

● 住民自治の再構築

　地方自治のキーワードである住民自治は，「地域の住民が地域的な行政需要を自己の意思に基づき自己の責任において充足すること」を意味するが，これを敷衍すれば，市民が自治の当事者として，その力を存分に発揮するということでもある。

　古代アテネでは，抽選によって選ばれた市民自らが，民会で政策決定を行い，住民の自治にふさわしい直接民主主義が行われていた。その後，国家機能が拡大するなかで，住民が選出した議会の活動を通じて民意を実現するようになるなかで，市民と自治体の関係を二項対立的にとらえ，市民が自治体をコントロールすることが住民自治とされてきた。

　しかし，市民が幸せに暮らせる社会の実現は，政府への要求や監視だけでは，実現しないことが明らかになるなかで，自治体だけでなく，市民，コミュニティ，企業なども，自治の当事者として，市民が幸せに暮らせる社会を実現するために，存分に力を発揮することが求められる。

　令和の時代にあっては，住民自治の原点に戻って，住民が自ら治める（自律性，貢献性）ことそのものを問い直す必要があるだろう（住民自治の再定義）。

第3章　励ましの地方自治の理論
・新しい公共論

(1)　従来の公共論

● 公私二分論

　従来は，公共領域は政府が担当するのに対して，私的領域は民間が担うという区分で考えられていた(公私二分論)。これは，公共機関が提供するから公共サービスになるという立場である。

　この公私二分論によると，

　①公共性の維持・実現は，政府の役割である。これに対して，民間の役割は，私的利益の追求にある。

　②公共政策(政策決定，実施，評価)は，政府が行うから，政府の活動を統制していればよかった(監視の地方自治)。そこで政府の活動をチェックするための制度や仕組み(議会によるチェック，監査制度，行政手続法や情報公開法等)が，開発され，用意されてきた。

　③公共の担い手は政府だから，公共性の維持・獲得のためには，政府へ要求すればよいことになる。政府が責任を持って行うべきこと，市民が自主性，自律性を果たすべきことの境があいまいになってしまった。

図Ⅱ-3-1　公私二分論

私的領域
市民・企業

公共領域
政府

● 信託論

　公私二分論を支える理論的根拠は，信託論である。信託論とは，市民が政府の創造主で，その持てる権利を国や自治体に信託しているという考え方である。政府は，市民のものだから，市民は政府が信託された範囲を逸脱することを防ぎ，あるいは市民の権利を侵害することのないように，チェックし，監視するということになる。

　信託論は，ジェームズ 1 世やチャールズ 1 世の絶対主義国家・王権神授説に対抗して唱えられたジョン・ロックの社会契約論「政府二論（統治二論）」がモデルとなっている[35]。

　ロックは，「人間は，生まれながらにして，他のどんな人間とも平等に，あるいは世界における数多くの人間と平等に，完全な自由への，また，自然法が定めるすべての権利と特権とを制約なしに享受することへの権原をもつ」（後編第 7 章 87）と考える。

　「政治権力とは，誰もが自然状態でもっていた権力を社会の手に引き渡し，その社会のなかでは，社会が自らの上に設立した統治者に対して，社会の成員の善と固有権の保全とに用いられるようにという明示的あるいは黙示的な信託を付して引き渡したものに他ならない」（後編第 15 章 171）ものであるから，「立法者が彼らの固有権を侵害することによって信託に反する行動をとったときには，新たな立法部を設け，改めて自分たちの安全を図る権力をもつ」（後編第 19 章 226）。これは有名な抵抗権で，市民の同意や信託によって，政府（国家）を設立したゆえに，政府を廃絶することもできることになる。

　ロックの場合は，ホッブズとは違い，自然状態においても自然法が支配するゆえに，人々の固有権（生命，自由，財産）は，ある程度保全されるとするが，「その権利の享受はきわめて不確実であり，たえず他者による権利侵害にさらされている」（後編第 9 章 123）と考え，そこで，自らの生命，自由，財産を守るために，人々は政府（国家）を設立する。「人々が，自分の自然の自由を放棄して，政治社会の拘束の下に身を置く唯一の方法は，他人と合意して，自分の固有権と，共同体に属さない人に対するより大きな

35　以下の訳は，ジョン・ロック，加藤節訳『完訳統治二論』（岩波書店，2010 年）による。

図 II-3-2　信託論

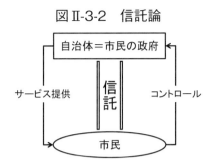

保障とを安全に享受することを通じて互いに快適で安全で平和な生活を送るために，一つの共同体に加入し結合することに求められる」（後編第8章95）とする。

● 二重の信託論

　市民は国に全部信託しているわけではなく，国家レベルのことは国に，地方レベルのことは自治体にそれぞれ信託しているとする考え方が，二重の信託論である。つまり，国民から国（中央政府）に信託されたものの一部を地方自治体に再委任されているわけではなく，自治体の統治権も，国と並列的に，直接，地方自治体に与えられたものであるという考えである。

　国に対する信託論については，「そもそも国政は，国民の厳粛な信託によるもの」（憲法前文）と明示の規定があるので異論はないが，地方自治体の統治権も，憲法に由来すると考えるのである。

　二重の信託論に立てば，自治体は市民の政府であるという意味が明確になる。市民参加は，市民の政府を担保する基本的な制度ということになり，その権利性が明確になってくる。

　この信託論の非歴史性・仮構性を批判することは容易であるが，信託論が主張する，人間は生まれながらにして平等の権利を持っていて，その権利を守る役割を信託されたのが政府という理念は魅力的である。

● 公私二分論の限界

　しかし，こうした公私二分論が，実態とは合致していないことは，さまざまな場面で顕在化している。

　その端的な例が，1995（平成7）年の阪神・淡路大震災である。あの未曾有の大震災のなかで，政府は，その行動原理である公平性や手続的公正さが足かせとなって，迅速・機敏な行動ができなった（2011年の東日本大震災でも同じことが起こった）。これに対して，地域コミュニティやNPOは，組織・活動の地域性，自由性を活かして縦横の活躍を行った。

　大震災という特殊の事例だけではなく，日常活動でも市民は公共性を担っている。

　例えば、福祉の分野であるが，在宅介護サービスや障がい者支援では，地域コミュニティやNPO抜きでは制度運営が立ち行かない。環境保全の分野でも，政府に比肩する専門知識を持ったNPOが育ち，社会的にも大きな影響を与えている。NPOを無視しては，環境政策は立案できなくなった。

　このように公共政策の各分野で，地域コミュニティやNPOは公共の一翼を担う活躍をしているが，これは一過性のことではない。ポスト福祉国家，市民ニーズの高度化・多様化に伴う必然的で構造的な理由に基づくものであるから，あらゆる政策分野で，この傾向は，今後もますます顕著になっていく。

(2)　新しい公共論

● 新しい公共論の背景

　経済社会が成熟し，価値観が多様化してくると，従来，私的世界の問題であった事柄が公共的な課題となってくる。例えば，空き家問題である。個人所有権の問題であるとして，放置しているわけにはいかなくなった。福祉国家が進むなか，政府の後見的な関与が当然のことと思われるようになった。

　こうした課題に対しては，市民から委任された自治体（行政，議会）による一元的な対応では，市民ニーズを満たさなくなった。

　なぜならば，もともと行政は，市民全体の税金で動くシステムであるため，市民の合意がないと進めない組織である。行政の行動原理は，「公平・公正」であるが，これは「行政は税金で動く」という制約に由来する。それゆえ，価値が個別化，多様化すればするほど，行政の手には余るようになってくる。要するに，市民や企業から集めた税金を自治体（行政，議会）

が一元的に管理し，それを配分するやり方だけでは，市民の幸せを実現することができなくなったのである。

そこで，もうひとつの方法，つまり自治会・NPO等の民間セクターが果たしている公共機能に着目し，その知恵や経験を公共のために，大いに活用して，「豊かな」社会を実現していこうというのが新しい公共論である。

自治体(行政，議会)だけが，公共機能を果たしているわけではないのは，いくつかの事例を見ただけで簡単にわかる。

たとえば，わが国の国民負担率が，OECD諸国内でも，中低位グループに位置している。他方，わが国は世界有数の長寿国である。長寿というのは，福祉の総合力の結果であるが，わが国は中負担・高福祉を実現している。それを支えているのが，市民力の高さと同時に，地域コミュニティ，テーマコミュニティ，企業の力である。こうした民間セクターが公共を担っている。

また，東日本大震災では，地域コミュニティの存在や機能が，市民の生死を分ける場面が，あちこちで現出したが，ここでも行政だけが，公共を担っているのではないことが明らかになった。

大震災という特殊の事例だけではなく，子どもの見守り，高齢者福祉など，どれをとってもコミュニティや企業は公共を担っている。

● 新しい公共論の内容

従来は，政府が提供するから公共サービスという考え方であったが，担い手とサービス内容を切り離すと，図II-3-3のようになる。公共サービスには，政府が提供する公共サービスと民間(コミュニティなど)が提供する公共サービスとがある。

自治体だけでなく，自治会・町内会などの地域コミュニティ，NPOなどの民間セクターを公共主体として位置づけ，多元的な公共主体による多様なサービス提供によって，豊かな社会を実現していこうというのが，新しい公共論の考え方である。

①従来の理解では，政府の担う公共しかなかったため，どんなに頑張っても，公共の範囲は限定される。この図II-3-3ではBの領域も公共領域となることから，新しい公共論では，公共の範囲が広がってくる。

図Ⅱ-3-3　新しい公共論

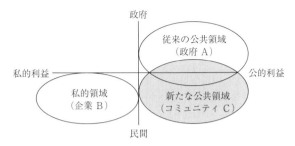

②従来の二分論では，公共性の判断者は，政府ということになるが，新しい公共論にたてば，コミュニティも公共の担い手であるから，公共性は政府だけが判断するものでないことが，明らかになる。公共性が，言葉の意味のとおり判断されることになる。

③政府もコミュニティも，ともに公共領域を担うことから，政府とコミュニティとの間で，新たな関係(競争，協働等)が生まれてくる。これは「公共セクター間関係」ともいうべきものである。政府とコミュニティの協働の必要性が指摘されるが，なぜ協働するのか，その意味が明確になる。

④政府には，公共領域で活動するにあたっては，公開性，民主性などの公共活動ルールが定められている。コミュニティの場合は，政府とは異なるが，公共の担い手という点で，一定の公共ルールに準拠することが求められる。

図Ⅱ-3-4　公益実現方法の二元化

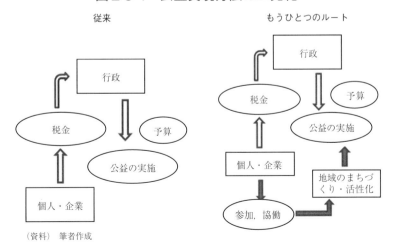

(資料)　筆者作成

⑤コミュニティが公共を担うことで，政府の行動原理も変化する。コミュニティが存分に活躍できるように励ます役割が重要になってくる。またコミュニティに身近だということで，地方自治体の存在意義も高まってくる。

● もうひとつの公共ルート

　従来ならば，市民や企業から集めた税金を自治体が一元的に管理し，それを配分するやり方だけで市民の幸せを実現できたが，今日ではそれでは不十分なので，もうひとつの方法，つまり自治会・町内会，NPO等の民間セクターの知恵や経験，行動力といった資源を公共のために，大いに活用して，「豊かな」社会を実現していこうというのが新しい公共論である。

第4章　自治経営の理念としての協働

(1)　協働はどのように始まったのか

● 協働とは

　一般に協働は，1977年，アメリカの政治学者ヴィンセント・オストロムが，地域住民と自治体職員が協力して自治体の役割を果たしていくことを一語で表現するために造語した"coproduction"（co「共に」，production「生産」）を日本語に訳したものと説明されることが多い[35]。

　しかし，この協働＝coproduction説は，同時代，自治体職員として「協働」に向きあってきた私の体験とは大きく異なる。

　アジアモンスーン地域のはずれに位置し，米を作って暮らしてきた日本においては，長い間，地域住民と役場が，力を合わせ，助け合って，地域のための活動を行ってきた歴史がある。各地で行われてきた道普請や水普請などがその例であるが，日本では，coproductionは，ずっと以前からあったというのが率直な疑問だからである。

● 協働は都市計画から

　1990年代半ば以降に，自治体で協働という言葉が広がるが，そのルーツのひとつは，1970年代後半にアメリカで行われた「公共と民間のパート

---

[35]　このcoproductionを日本に紹介し，協働という言葉を当てはめた荒木昭次郎教授は，「地域住民と自治体職員とが，心を合わせ，力を合わせ，助け合って，地域住民の福祉の向上に有用であると自治体政府が住民の意志に基づいて判断した公共的性質をもつ財やサービスを生産し，供給してゆく活動の体系である」（荒木昭次郎『参加と協働－新しい市民行政関係の創造―』（ぎょうせい，1990年）9頁）としている。

90

ナーシップによる都市開発」で，それが日本に伝わり，1990年代の初めころ都市計画の分野に導入され，パートナーシップによるまちづくりが模索された。

1970年代，アメリカでは，道路網の整備とモータリゼーションの発達で，白人の有産階級が郊外の一戸建てへ逃げていく。街の中には，低所得者，あるいは密入国者，さらには犯罪者や麻薬中毒者が住み始め，犯罪やさまざまな問題を起こすことになる。

このような街の再生は，そこに住む人たちとの連携，協力なしには行うことができない。

日本の場合も，1990年代に入ると，まちづくりは，それまでのデベロッパー型から修復型に変わっていく[36]。修復型まちづくりは，そこに住む人たちとの連携，協力なしには行うことができない。協働の発見は，こうした日本の社会構造の変化に対応した動きである[37]。

• なぜ1990年代に言葉ができたのか

協働という言葉は，1990年代に生まれたが，なぜ1990年代なのか。その背景を考えると，協働の意味を理解しやすい。

1993（平成5）年には，一人あたりGDPで，日本はOECD諸国内3位となった。同時に，日本経済は，90年代初めのバブル経済の崩壊以降，長期的な経済の低迷が続き，1998（平成10）年には24年振りのマイナス成長を記録した。こうしたなかで，国民のなかで，経済的価値とは違う，心の豊かさ，充実感といったもうひとつの価値が重視されはじめ，求められるようになった。

自治体の政策課題という点でも，1990年代は大きな転換点である。公害問題が収束し環境問題となり，まちづくりでも開発デベロッパー型が終わり修復型に変わっていった。

これら新しい課題に対しては，権力的，規制指導的な対応では解決できず，また政府以外の担い手による多様で柔軟な対応が求められるように

36　横浜市では，すでに1991年から，「国際パートナーシップまちづくり事業」に取り組んでいる。
37　協働を初期にリードした山岡義典氏や林泰義氏は，都市計画の専門家である。

なっていった。税金を使った行政による政策では限界があり，税金による
行政サービスとともに，市民（地域コミュニティ，NPO等も含む）の知識，
経験，行動力といった民間パワーを社会的・公共的なエネルギーに変えて，
暮らしやすい社会をつくっていこうというのが，協働論の背景である。

● 契機としての阪神・淡路大震災

　このパートナーシップによる協働が，一気に花開き，広く知られる契機
となったのは，1995（平成7）年1月17日に起こった阪神・淡路大震災で
ある。震災直後の神戸の街では，機能不全に陥った行政とその神戸の街で
生き生きと活動するNPO，地域コミュニティの人たちがいた。これらの市
民は，行政とはcoproductionはしていないが，まちづくりのパートナーとし
て，大きな役割を果たしていた。

　阪神・淡路大震災では，企業の活躍がめだったが，平成7年1月27日付
の産経新聞（朝刊）では，ダイエーの例を報告している。

　それによれば，朝6時，テレビで地震発生を知った同社は，午前7時に
は地震対策本部を設置した。村山首相が地震発生の知らせを受けたのが，
7時半であるから，すでに，その30分前には，動きを開始したことになる。

　この日は，たまたま正月の振替休業日で，9割の店舗は休みであったが，
生活必需品の不足を予想した同社では，緊急に開店を決める。午後2時ま
でには，兵庫県47店舗中24店舗，大阪府では47店舗中42店舗で営業を開
始した。この日以降，開店時間を早める店，24時間営業を行う店など，被
災地の状況に応じた営業が行われる。

　応援の動きもすばやかった。応援部隊の職員は，ただちに東京，福岡か
ら神戸に向かった。商品も東京，名古屋からトラックが，福岡からはフェ
リーで，水，おにぎり，カセットコンロなどを積んで，被災地に向った。
人や物資の応援ルートが東から西へ集中するなか，渋滞の発生を予想した
同社は，船をチャーターし，神戸の西の東播磨港に商品を運び，渋滞に逆
行する形で神戸に運んだ。被害が大きく，陸送が困難な地区へは，ヘリで
空輸するなど，きめ細かなルートを確保した。

　商品も，当初は食料品や水の供給が中心だったが，その後，防寒着や日
用雑貨が加わる。21日には，大雨の天気予報を受けて，雨具や防水シート

を大量に供給している。

これは，たまたま新聞で報じられたひとつのケースにすぎない。これ以外に，マスコミでは報じられていないが，同じような対応をした企業も多い。実際，大震災直後の神戸のまちを歩いていると，いろいろな企業が，商品を，情報を，場所を提供しているケースに多く出合っている。

この阪神・淡路大震災の体験が，1998（平成10）年のNPO法（特定非営利活動促進法）につながり，各地の市民協働条例につながっていった。

(2) 協働・3つの意味

協働は，日本では「21世紀初頭に最も流行した政策概念」といえるが，流行語の常として，本来の意味が見失われ，意味が拡散しはじめている。

● 政策概念としての協働

もともと協働は，「政策概念としての協働」で始まった。日本で言えば，1990年代，人口オーナス時期に入り，税金で地方自治ができる時代が終焉したが，政府とは違うもう一つの公共ルート，つまり市民がその知識，経験，行動力を存分に発揮して行くことの意義が認識された時期に，いわば必然のように協働の概念は生まれてきた。

協働は，地方自治の目的である，市民一人ひとりが幸せに暮らせる社会をつくるための政策概念である。

自治体だけでは地方自治の目的を実現できない時代にあって，政策としての協働とは，役所と市民（地域コミュニティ，NPO等も含む広い意味）のそれぞれが，公共の担い手として，いわば車の両輪となって，まちを豊かにしていくことである。ともに公共のために活動するから協働で，時には一緒に行動することもあるが，それは協働の実践の一場面に過ぎない。その意味で，「協」と「働」をつなぎ合わせてできた協働という用語が正しかったのか疑問がある。むしろ「共働」のほうが，より適切に表現していると考えている[38]。

---

38 初期に協働に取り組んだ自治体は，今日でも「共働」を使っている（豊田市など）。

● NPOから見た協働

　阪神・淡路大震災のあった1995（平成7）年は，NPO元年ともいわれ，NPOという概念が注目された。ここにNPOとは，民間非営利組織の意味で，政府とは違う，民間の公共の担い手という意味である。そして，このNPOの人たちが，協働をリードし始めるが，NPOにとって最大の関心事は，行政との対等性であり，NPOの最大の悩みは，財政問題である。

　そこから協働の意味が限定され始める。協働は，行政とNPOの関係が中心となる。それ以外に，行政と地域コミュニティ，地域コミュニティとNPOの間にも協働はあるが，軽視されることになる。

　また協働の内容は，財政問題となり，協働といえば委託・補助になっていく。実は，最も有効な協働の方法は，「暖かなまなざし」，「励ましの言葉」であるが，こうした協働の手法も軽視されることになる。

　これはNPOから見た協働であるが，NPOには実践活動しているという強みもあり，自治体の協働政策は，NPOからみた協働論になっていく。

● 国語としての協働

　その後，協働は，ほとんどの自治体に広がり，市政運営の基本理念とされるようになっていく。こうした協働の広がりに対応して，協働の本来の意味が見失われて，国語としての協働に変わっていく。もともとは，協働は，自治体とともに市民も，その得意分野を発揮して，公共を担うという考え方であるが，協働というと言葉から連想して，協力して働く，つまり一緒に汗を流すことと矮小化されて理解されるようになる。

　これは「国語としての協働」であるが，この協力して働くという意味での協働が，今日では，教育など，さまざまな分野に広がっている。

● 協働の定義

　繰り返しになるが，重要なことなので，協働を定義しておこう。

　協働概念の核となるのは，「行政とともに市民（地域コミュニティ，NPO等も含む広い意味）も公共の担い手として，それぞれの得意分野で存分に力を発揮する」ことである。同じ公共主体として，両者が一緒に活動する場

合もあるが，一緒には活動しない（時と場所を同じくしない）場合も，公共を担っているから協働である（一緒にやらない協働）。

協働の目標は，自治の実現，つまり，市民や地域が抱える課題を解決して，市民ひとり一人が幸せに暮らせる社会を実現することである。

そして，市民が公共の主体と言えるためには，市民自身が自立（自律）していることが前提で，公共主体としての責任も求められる（市民の公共性）。同じ公共の担い手として，両者の信頼関係も重要である。

したがって，自治体の協働政策は，公共の担い手としての市民の自立（自律）性を高め，それぞれの得意分野で存分に力を発揮できるようにするため，補助，委託，後援等の直接的な支援策のほか，情報，場所，機会の提供などの条件整備，さらには，逃げない姿勢，温かいまなざしなどといったソフトで間接的な支援策も含まれる。

(3)　協働の内容

● 参加と協働の違い

参加は，監視の地方自治を行うための基本的な権利である。国民によって信託された国家を自分たちの政府にするために，国民の参加権が保障されるが，同じように，地方自治についても，自治体を市民のものとするために市民の参加権が保障される。その具体化として，地方自治法は，条例の制定改廃，事務監査の請求権（第12条），議会の解散，長や議員等の解職請求権等の直接請求権を住民に保障し（第13条），住民監査請求権（第242条）や住民訴訟等の参加権（第242条の2）を認めている。

ちなみに1990年代以降，参加に加えて参画という言葉が使われるようになったが，参加・参画とも，政府を市民のものにするための権利である点では違いがない[39]。

これに対して，協働は参加（参画）とは，出自も本質も異なる。地方自治

39　男女共同参画社会基本法の制定（1999年6月）などが契機になって，参加と参画が区別されて使われるようになった。参画は，企画・立案の段階から主体的に参加し意思決定に関わることという意味で使われている（5条）。ちなみに参画という用語を使う法律には，政治分野における男女共同参画の推進に関する法律，ユニバーサル社会の実現に向けた諸施策の総合的かつ一体的な推進に関する法律等がある。

の諸課題は，自治体の力だけでは解決できず，市民の主体的取り組みなしには解決できないが，協働とは，公共は自治体だけが担っているのではなく，市民（地域団体，NPO，企業も含む）も担っているという新しい概念である。公共領域の広がりや新たな公共課題の発生のなかで，1990年代になって生まれてきた概念である。

　参加と協働は，実際の局面では，だれがイニシアティブを取るかで違ってくる。参加は，もっぱら政府がイニシアティブを取り，そこに市民が加わることをいう。公共の主体は，あくまでも政府で，市民は，そこに補助的に加わる関係になる。これに対して，協働とは，市民も公共主体になるという考え方であるから，市民自身がイニシアティブをとって，政府とは対等の立場で，政策立案や実施にかかわることになる。

● 協働の主体

　公共のもうひとつの担い手は市民である。繰り返しになるが，念のために再確認すると，この市民は広い概念で，自然人市民のほか，企業などの法人も含まれる。また，自治会や町内会等の地域コミュニティ，NPOやボランティア団体などのテーマコミュニティ，大学，さらには公共を担う分野では企業も市民である。

　協働というとNPOを連想するが，日本の多くの地域では，NPOよりも自治会・町内会等の地域コミュニティのほうが重要な役割を果たしている。1995（平成7）年の阪神・淡路大震災は，NPO元年と言われ，NPOの活躍に注目が集まったが，実際に神戸の街で，より多くの活動をしていたのは，自治会・町内会等の地域コミュニティであった。地域コミュニティというと，行政の下請けとして，行政の意向を忠実に実行する組織という側面ばかりが目につくが，新しい公共論の立場では，地域の公共主体として，地域課題解決のための政策を企画・立案し，地域福祉の実現に主体的に取り組む組織といえる。

● 公共的な責任（責務）の根拠

　自治体と市民は，ともに公共主体として，公共的な役割を果たしているが，その責任（責務）の本質は異なっている。

　自治体は，公的な責任を負うが，その性質の根源は，主権者である市民からの信託を受けたという点である。そして責任の内容は，市民に対する説明責任等である。

　これに対して，市民も公共の担い手として一定の公共的な責務を負う。具体的には，社会貢献性のほか，一定の情報公開や説明責任が問われるが，とりわけ補助金などの形で税金による支援を受けた場合は，行政と同様の情報公開や説明責任を果たすべきである。ただ，この責任の性質は，自治体とは同じではない。なぜならば，市民は，主権者から信託を受けていないからで，その性質は，公共主体としての社会的責任の一種と考えてよいだろう。

● 一緒にやる協働・一緒にやらない協働

　新しい公共論で考えると，公共の担い手は，自治体と市民の両方で，ともに公共を担っているから協働ということになる。そこから，協働には，一緒にやる協働と一緒にやらない協働が出てくる。

　このうち，一緒にやる協働は，自治体が担う公共と市民が担う公共が重なり合っている場合である。一般には，これが協働と理解されている（国語としての協働）。これに対して，一緒にやらない協働とは，市民が独自に公共を担っている場合である。行政とは一緒にやらない（時と場所を同じくしない）けれども，市民が公共利益を実現しているというケースである。

　それぞれの協働ごとに，自治体の施策内容が違ってくる。

　一緒にやる協働事業のメリットは，行政と市民のそれぞれの強みを持ち

図Ⅱ-4-1　２つの協働

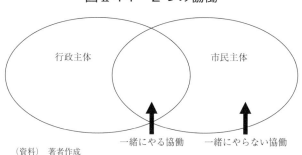

（資料）　著者作成

寄って，1＋1を3にするものである。そこで，一緒にやる協働では，一緒にうまくやるにはどうしたらいいかが施策の中心となってくる。

それに対して，一緒にやらない協働では，市民が，主体性・対等性，自立や責任，信頼関係を持って，存分に活動するにはどうしたらよいのか，そのために自治体の後見的，支援的な施策が中心となる。

● 一緒にやる協働の形態

一般にやる協働の形態には，後援，実行委員会，事業協力，共催，委託，補助などがある。これらは，一緒に活動する点にスポットを当てた協働形態で，協働を行政と市民（特にNPO）との契約関係から論じる立場とも言える。

一緒にやる協働にふさわしいものとして，次のような事業がある。

①きめ細かく柔軟なサービスを提供する事業

多様なニーズに対して，きめ細かく柔軟なサービスを提供することができる。子育て支援，障がい者支援，高齢者の生きがいづくり等がある。

②特定の分野に専門性を必要とする事業

特定の分野で専門知識やネットワークを有する市民活動団体と協働することで，多彩な発想やノウハウにより事業効果が高まる。難病の支援，環境保護活動等がある。

③市民活動団体が先駆的に取り組んでいる事業

市民活動団体が先駆的に取り組んでいる事業の場合，その積み重ねられたノウハウを活かすことによって事業効果が高まる。空き店舗の有効活用，子ども虐待防止，ニート防止，DV防止等がある。

表Ⅱ-4-1　一緒にやる協働の形態

後援	行政の名義を貸す。信用が増す
実行委員会	行政とNPOとともに参加する実行委員会等によって事業が執行
事業協力	一定の期間，人材・情報・ノウハウを提供し合いながら協力して事業を行う
共催	行政，NPOがそれぞれ主催者となって事業を実施
委託	行政が本来行うべき業務をNPOに委託
補助	NPOが行う事業に対して，補助金等を交付

（資料）　筆者作成

④地域の実情に合わせながら進める事業

地域に根ざした活動をしている市民活動団体と協働することで，地域の実情を踏まえた事業が実施できる。防災・防火活動，防犯パトロール，愛着ある公園づくり等がある。

⑤市民が主体的に活動する事業

市民が当事者として，社会的な問題を身近なものと捉え，主体的に活動することにより，その活動を大きく展開することができる。ゴミの減量，外国籍市民への支援，子どもへの読書普及活動等がある。

● 一緒にやる協働の限界

一緒にやる協働の本質は，図Ⅱ-4-1を見ればわかるように，行政のテリトリー内での協働である点である。それゆえ，一緒にやる協働では，行政の行動原理に縛られる。

行政の行動原理は，適法性，公平性，公正性，行政計画への整合性等である。これは行政が税金で動く組織だからである。みんなのために活動する組織が，不適法，不公平，不公正な行動はできない。他方，市民は，自分たちが大事だと思うことを行政の行動原理とは無関係に動くことができる。公平性に配慮することなく，自分たちの関心のまま動くことができる。自分たちの金で行うからである。双方の行動原理の違いが，ミスマッチを起こす原因で，その意味で協働のミスマッチは構造的な問題である。

それに対して，行政は行動原理に縛られることなく，柔軟に対応すべきという意見もあるが，それはないものねだりである。行政が適法性等の行動原理を逸脱したら，それは行政とは言えない。この限界を超えて，補助金を出せば，監査請求や住民訴訟の対象になり，担当者が損害賠償責任を負い，懲戒処分を受け，時には職を失うことになる。

こうした内在的な制約を持ちつつ，その限界を乗り越えるには，行政自身が，協働の意義・必要性を明確に自覚するとともに，市民側においても，行政の限界を踏まえた柔軟な対応が必要になる。

● 一緒にやらない協働

一緒にやらない協働は，行政と市民が時と場所を同じくして活動はしな

いけれども，公益の実現を市民も担っているという意味で，協働ということになる。協働の要諦は，それぞれの公共主体が公共利益を目的として，自らの得意分野を主体的に，対等で，自立して，責任を持って，信頼関係をつくりながら活動すれば，それも協働ということである。

　一緒にやらない協働のために行政が行うべきことは数多くある。

　①市民の活動支援

　調査研究，広報・PR，相談，学習・研修，交流・連携，情報提供・情報公開の実施，情報交換の場や機会，人材の育成，税制上の措置，活動拠点の整備，公の財産の提供，市業務への参入機会，市民参加・参画手続の制度化(審議会，パブリックコメント，公聴会，説明会，アンケート，ワークショップ等)などがある。

　②励まし・温かいまなざし

　行政側の困難だけれども断固やりぬく姿勢，市民にやらせるだけやらせて逃げない姿勢，温かいまなざし，励ましの言葉などといったソフトで間接的な支援策も，市民が存分に活動できる元気のもとになるものならば，これも協働である。

(4)　協働への批判

　協働に対しては厳しい批判もある。ニセコ町のまちづくり基本条例は，平成21年度の条例改正において，第8章の章名は「まちづくりの協働過程」から，「計画策定過程」に変更され，条例中の協働という言葉が削除されている。

● 信託論からの批判

　信託論からは，市民は主権者で，行政はその市民に雇われている(信託されている)存在であるにも拘わらず，雇い主(市民)と雇われた者(役所)が対等で，一緒に力を合わせるというのはおかしい。市民(雇い主)は行政(雇われた者)を意のままに使うことが本分なのであって，協働する必要などない。協働ということで，市民(雇い主)と行政(雇われた者)の主客逆転関係が継続してしまうことを危惧するという批判である。

　ただ，この信託論は，役所だけが公共を担っているという発想にとど

まっている。たしかに歴史的には，その通りかもしれないが，しかし，それでは地域において，次々と発生する諸問題を解決し，市民が幸せに暮らせるようにはならないというのが，協働の問題意識である（空き家問題など）。

新しい公共論では，公共の担い手は政府だけではなく，市民も公共主体と考えるので，同じ公共主体として対等の関係で協力し，それぞれの情報，人材，場所，資金，技術等を有効に活用しながら，公共的課題の解決を図るという関係になる。市民も持てる力を存分に発揮できることになる。

● 財政が厳しいから協働をする？

もうひとつとは市民からの批判で，自治体は金がないから，協働などと言い始めたのではないか。結局，安い下請けにするのではないかという議論である。

確かに，自治体財政が厳しく，それゆえ協働が注目されたという側面は否定できないが，協働は，より本質的な自治のパラダイムである。

すでに述べたように，地方自治の究極の目的は，憲法第13条に規定する個人が尊重される社会の実現にある。「尊重」の意味は，市民一人ひとりの個性や能力を存分に発揮することであるが，協働とは，市民が公共の主体として，その持てる強みや得意分野を存分に発揮して，市民の暮らしや地域を豊かにするというものである。つまり，市民は自分たちの得意分野，得意領域だから公共を担うのであって，行政の財政が厳しくなったから協働を行うものではない。もし税収が上向き，自治体の財政状況が好転しても協働は行うものである。

(5) 自治経営の基本概念としての協働

● 新しい社会をつくるパラダイム

協働には，さまざまな意義・波及効があるが，最も基本となるのは，協働は，新しい社会をつくるパラダイムという点である。

最低保障が十分ではなく，経済が右肩上がりの時代にあっては，市民の要求・要望が，成長・発展の原動力となった。市民と政府との対立，ぶつかり合いが，発展の礎となった。

　ところが，成熟時代になると，こうした要求・対立は，成長のバネには
ならず，むしろ相互不信や社会的軋轢の原因となる。協働は，市民の役割
を転換し，公共主体として，新たな社会的役割を果たす存在として位置づ
けるものである。同時に，行政，議会の役割も，市民が持っている潜在力
を引き出すことに変わってくる。

　こうした市民の力，行政や議会の力を束ねて，それを大きなエネルギーに
転換して，持続可能な社会をつくっていくのが協働による自治経営である。

　この新しい社会づくりは，一定の豊かさを実現し，市民の層が厚い日本
でなければできないことである。それを地域からやっていこうというのが，
協働という自治体プロジェクトである。

● 協働で変わる自治体の仕事

　協働は，自治体と市民が一緒に活動するにとどまらず，市民も公共の担
い手として，存分に力を発揮し，自治体と市民が，いわば車の両輪として，
まちをつくっていくことであるが，このように考えると，自治体の役割も
大きく変わってくる。

　市民と一緒に活動することが協働だとすると，協働は市民と付き合いが
ある一部のセクションのことにとどまるが，市民の活動を後押しすること

表II-4-2　協働による業務の変化（総務部門）

	これまで	一緒にやらない協働も含めると
個人情報担当	悪用から個人を守る ・目的外には使わない ・法の枠外のものには抑制的に対応する	市民，地域やNPOが助け合えるために個人情報を活用する ・高齢者の福祉 ・災害弱者の救援
危機管理担当	行政が，地域データを活用して，災害から市民を守る	市民間での危機管理の重要性
広報担当	役所が広報媒体を使って，まちの魅力を市民，市民外に知らせる	市民自身が，自らの広報媒体を使って，市民に魅力を知らせる
人事担当	宣誓条例 1700自治体みな同じ	地方分権・協働時代にふさわしい職員像の宣誓条例
法規担当	一部改正条例　内閣法制局の改め文方式に準拠。市民が見てもわからない	新旧対照表方式など，市民が見てもよく分かる方式への見直し
施設管理担当	公会堂等の施設を管理の視点からみる	市民が利用し，市民活動が活発化するという観点から見直す

（資料）　筆者作成

が協働であるとし，あたたかなまなざしも協働であると考えると，役所の全職場，全職員が協働の当事者になる。自治体の仕事で協働がないところはない。総務課だって協働がある。

● 協働を進めていくために－プロジェクト運営の基本

協働を自治全体に定着させるプロジェクトは，明治維新以来，ずっと続けてきたシステムの大転換なので，そう簡単には進まない。理論だけでなく，市民，行政（長，職員），議会（議員）が，それぞれの現場で，当事者意識を持って，具体的に実践していきながら進めていくしかない。

協働プロジェクト運営は，対立型，要求型にならず，自治の関係者が，その持てる力を存分に発揮し，これらが総和し，相乗効果を発揮して，そこから新たなエネルギーが生まれてくるように設計・運営していくことが肝要である。

市民の主体的な関わりが基本であるが，行政や議会の役割も重要である。協働プロジェクトでは，行政は黒子という意見もあるが，関係者が存分に力を発揮できるように舞台装置づくりを行うとともに，行政の意欲やあたたかな目線が，すぐに市民に伝搬し，また，行政の変革が市民に見えると，市民自身の自立（自律），連帯にも弾みがつくことから，行政の役割は重要である。大いに自信を持ってほしい。

＊　以上のような協働の考え方や展開については，松下啓一『市民協働の考え方・つくり方』（萌書房），協働を受けて自治体がどのように変わっていくべきかは，『協働が変える役所の仕事・自治の未来―市民が存分に力を発揮する社会』（萌書房）が，分かりやすい。

第5章　自治の基本原則・補完と信頼

(1)　自治の基本原則としての補完性の原則

● 補完性の原則

　補完性の原則は，誤解を受けやすい理念である。補完性の原則は，近代民主主義の基本原理であるが，現実の適用場面では，補完性の原則は，次のように説明されることがある。

　①個人でできることは個人で解決する(自助)→②個人でできないときは家庭がサポートする(互助)→③家庭で解決できないときは地域・NPOがサポートする(共助)→④これらで解決できないとき，はじめて政府が乗り出す(公助)→⑤政府が乗り出すときも最初は市民に近い基礎自治体である→⑥基礎自治体では解決できない問題は広域自治体(都道府県)が行う→⑦広域自治体でも解決できない問題について，はじめて中央政府が乗り出すという関係になるとされる[35]。

　政策課題の解決は，まず自助が基本とされ，政府による公助は，最後の場面で登場する位置づけとなっている。その結果，補完性の原則は，官が行政サービスから撤退する理由付けに使われ，弱いものへの押し付けとしても機能するようになってしまった。

● あらためて補完性を考える

　補完性の原則の歴史と意味については，神奈川県自治総合研究センター

35　愛知県『分権時代における県の在り方検討委員会最終報告書』2004年。

の研究報告書に詳しく説明されている[36]。この報告書をもとに，確認していこう。

　まず，「補完(subsidium)」は，もともとラテン語で「補強」を意味し，そこから派生して，一般的な「ささえ」や「たすけ」なども指す言葉となった。この意味での「補完性」の考え方は，ギリシアのアリストテレスや中世のトマス・アクィナスにまでその源流をさぐることができるとされる。

　そして，この補完性の考え方を原則として定式化したのが，ローマ教皇ピウスXI世(Pius XI)(1922 ～ 39在位)の回勅「クァドラジェシモ・アンノ」である。補完性の原則は，もともとはキリスト教倫理に由来する考え方である。

　ピウスXI世は，1931年に出された回勅『クアドラジェシモ・アンノ(Quadragesimo Anno「40年のち」)』で，補完性の原則について，詳しく述べている。

　このなかで，補完性の原則の本質を「個々の人間が自らの努力と創意によってなし遂げられることを彼らから奪い取って共同体に委託することが許されないと同様に，より小さく，より下位の諸共同体が実施，遂行できることを，より大きい，より高次の社会に委譲するのは不正であると同時に正しい社会秩序に対する重大損害かつ混乱行為である」としている。

　この回勅が出されたのが1931年なので，ヨーロッパにおける全体主義の台頭期における，全体主義国家による個人や共同体への干渉に対するプロテストとしての意味が際立つが，そもそも，人はみな個人として価値を持ち，それを尊重すべきであり，社会や国家は，その実現のために存在しているという，近代民主主義の基本原理を体現した原則という点を忘れてはならないだろう[37]。

36　神奈川県自治総合研究センター編『補完性の原則と政府に関する調査研究』神奈川県自治総合研究センター　1994年

37　補完性の原則は，もともとはキリスト教倫理に由来する考え方であるが，EU統合に際して，超国家的機構であるEUと主権国家である加盟国との関係を規律する原則として採用された。マーストリヒト条約前文で，「決定はできるかぎり市民に身近なところで行なわれる」とされ，それがヨーロッパ共同体(EC)条第3条b (現第5条)に引き継がれ，EU全体にかかわる原則とされた。

● 励ましの地方自治の基本理念として

　補完性という言葉は、「支援、救援、補助などを意味するラテン語（subsidium）に由来する」とされるが、補完性の原則とは、市民、地域団体、NPO、市町村、都道府県、国といったそれぞれの主体（セクター）が、それぞれが持っている得意分野、専門領域において、その力を存分に発揮するということである。そして、それぞれの主体が、存分にその力を発揮できるように相互支援、相互補助するということでもある。その意味で、補完性の原則は、励ましの地方自治における基本理念のひとつといえよう[38]。

　第27次地方制度調査会答申においても、「わが国の事務事業の分担関係をこの『補完性の原理』に照らして再点検してみれば、国から都道府県へ、都道府県から市区町村へ移譲した方がふさわしい事務事業がまだまだ少なからず存在している一方、これまではともかく今後は、市区町村から都道府県へ、都道府県から国へ移譲した方が状況変化に適合している事務事業も存在しているのではないかと思われる。分権改革というと、事務事業の地域住民に身近なレベルへの移譲にのみ目を向けがちであるが、分権改革の真の目的は事務事業の分担関係を適正化することにあるのである」としている。ここからも、補完性の原則は、単純に、①個人でできることは個人で解決する（自助）→②個人でできないときは家庭がサポートする（互助）といったものではないことがわかる。

● 公共の担い手の役割分担

　補完性の原則に基づくと、公共の担い手間での役割分担が明確になる。考える際のポイントとしては、それぞれが持っている得意分野、専門領域

38　この補完性の原則が、市民自治や分権にも結びつき、ヨーロッパ地方自治憲章（1985年）では、「公的な責務は、通常、市民にとって最も近接した諸当局によって優先的に果たされるべきである」としている。また国連の「世界地方自治憲章草案（第二次）」（2004年）では、「公的な任務及び責務は、市民に最も身近な行政主体によって行使されるべきであり、この補完性の原理は民主的で参加型の開発の基礎であり、任務及び責務の配分に当たっては、この原則を守らなければならならない」（前文）と規定されるようになった。補完性の原則は、地方自治の基本原理のような扱いとなっている。

表Ⅱ-5-1　公共の担い手の強み・得意分野

公共の担い手	強み・得意
市民活動団体	○専門分野の知識が豊富である。 ○現場をよく知っている。 ○小回りが利き，臨機応変に対応ができる。 ○公平性・公正にとらわれず，ターゲットを絞るなど，自由度が高く，柔軟な対応ができる。 ○横のつながりがあり，ネットワークを生かせる。
地域団体	○地域のことをよく知っている。 ○お互いの顔が見えるような人間関係がある。 ○地域に対する愛着がある。 ○団結や協力・連携，物事に一斉に取り組みやすい。 ○口コミによる伝達力がある。 ○会合や活動の拠点施設がある。
企業	○利益につながれば，機動性に富んだサービス提供が行われる。 ○ヒト（人材・社員），モノ（設備・建物，材料などの物的資源），カネ（資金）のほか，専門知識，ノウハウ，コスト管理，情報，ネットワーク，技術力，信用，ブランドなどを活用できる。
行政	○優秀な人材がそろっている。 ○公共機関としての信頼感がある。 ○全体を見渡しながら公平，平等に判断する。 ○権限，財源がある。 ○一定の継続性が担保されている。 ○用具や機材等の物品や広報手段が豊富である。

（資料）　筆者作成

において，その力を存分に発揮することが基本で，そのために，誰が，どのような役割を担うのが好ましいかという視点が重要である。

(2)　自治の基本理念としての信頼

● ソーシャル・キャピタル

　同じ自治体なのに，地区によって，ボランティア活動の盛んなところとそうでないところがある。適用を受ける制度は，どこの地区でも同じなのに，違いが生じるのはなぜか。その問題を解くカギがソーシャル・キャピタルである。

　ソーシャル・キャピタルを主唱したアメリカの政治学者ロバート・パットナム（Robert D. Putnam）は，地方制度改革を行ったイタリアを調査して，地域ごとに目的達成度の違いが生じるのは，ソーシャル・キャピタルの豊

かさの違いだとした[39]。

　ソーシャル・キャピタルの定義は，論者によって様々であるが，「住民同士の信頼や結びつき，共通の規範が，社会を効率的に機能させる」というものである[40][41]。たしかに，互いの信頼関係があれば，無駄な保険をかける必要もなく，安心して前に進むことができる。また共通の行為規範があれば，自分は参加しないで利益だけを享受することもなく，みながまちのために貢献できる。

　ソーシャル・キャピタルの考え方のすぐれたところは，信頼，つながり，互酬性，ネットワークといった目に見えないが，社会を豊かにする有用な資源を「社会的な資本」としてとらえ，これを外部からの働きかけ，計測，他との比較が可能なものとした点である。

● ソーシャル・キャピタルを政策にするには

　ソーシャル・キャピタルを自治経営に導入・活用するには，いくつかの論点がある。

　①ソーシャル・キャピタルの要素である信頼，互酬性，ネットワーク等は，本当に社会を効率化し，豊かにするか，その検証である。パットナムのイタリア調査の結果が普遍性を持つかどうか，日本における再検証が必要となる。

　②資本というからには，信頼，互酬性，ネットワーク等がある状態を定

39　イタリアでは，1970年代の地方制度改革で中央政府から州へ分権を行ったが，産業政策や保健，住宅，都市計画等に関する制度や権限が各州とも同じで，同時期に導入したのであるから，本来ならば同じ結果になるはずであるが，実際には，地域により制度パフォーマンスに差が生じた。パットナムは，その原因をソーシャル・キャピタルに求めた。

40　パットナムは，ソーシャル・キャピタルを「調整された諸活動を活発にすることによって社会の効率性を改善できる，信頼，規範，ネットワークといった社会組織の特徴と定義している（ロバート・D・パットナム著，河田潤一訳『哲学する民主主義－伝統と改革の市民的構造』（NTT出版，2001年1993年）206頁）。

41　フランシス・フクヤマ(Francis Fukuyama)の主張はより直截的で，ソーシャル・キャピタルを「信頼が社会または社会のある程度の部分に広く行き渡っていることから生じる能力」（フランシス・フクヤマ著，加藤寛訳『「信」無くば立たず』三笠書房，1996年，63頁）としている。

108

量的に把握できなければならない。どのように測定するのか，定量化の手法を開発する必要がある。

　③信頼，互酬性，ネットワーク等を培養するにはどうしたらよいか。パットナムは「その構築は容易ではない」としているが，自治体政策では，ここが一番肝要である。そのための制度や仕組みをどのように構築するかである。

　これらを検証するために，日本でもいくつかの調査が行われている。『ソーシャル・キャピタル；豊かな人間関係と市民活動の好循環を求めて』（内閣府国民生活局2003年3月）では，

- ・つきあいや交流，社会参加を活発に行っている人は，他の人と比べて人に対する信頼感が高い。
- ・人が信頼できると思っている人や社会参加を活発に行っている人は，他の人と比べてつきあいや交流が活発である。

ここから，

- ・ソーシャル・キャピタルの各要素と市民活動の間には一定の正の相関がある（相互に高めあう可能性がある）。
- ・市民活動を通じて，ソーシャル・キャピタルが培養される可能性がある。
- ・ソーシャル・キャピタルが豊かならば，市民活動への参加が促進される。

と推論している。

　ボランティア活動やまちづくり活動など，多様な形で地域に関わる施策（つながる施策）を意識的に構築していくべきことが分かる。

● 信頼の地方自治

　励ましの地方自治は，信頼の地方自治でもある。信頼があれば，約束を守ってくれるかどうか（期限に間に合うか，品質は大丈夫か等）を心配する必要もなく，万が一のために無駄な保険をかける必要もない。

　信頼をつくるには，市民自身の行動も重要である。一人ひとりが，自ら考え，まちのことを考えて行動することで，市民間や行政との信頼，相互の連帯が生まれてくる。自分が尊重されるということは，自らも他者を尊

重するということでもあるので，市民相互間で尊重しあう社会をつくって
いくことで，信頼の地方自治が構築されていく。

　信頼の地方自治を実現するには，行政側の姿勢と行動も重要である。役
所は公正で，不平等な取り扱いはしない，役所はルールに則って，きちん
と市民を守ってくれるといった信頼が広く行き渡っていれば，市民は安心
して活動できる。行政は逃げずに「一緒にやってくれる」という強い信頼
があれば，市民も安心して力を発揮する。役所側の断固たる決意，逃げな
い姿勢も重要である。

　グローバル化が進めば進むほど，身近で顔が見える関係にあり，信頼と
いう価値観で結びついた地方自治が魅力的で，価値があるものになってい
く。自信を持って取り組んでほしい。

- ソーシャル・キャピタルの施策(信頼，互酬性，ネットワークによるま
  ちづくり)

　信頼，互酬性，ネットワークの理念を自治経営に取り入れるには，次の
ような施策が重要である。

　①信頼，互酬性，ネットワークの重要性を確認し，重要性を宣言するこ
とである。自治基本条例や総合計画に，ソーシャル・キャピタルの考え方
を明示することが考えられる。

　②施策化の前提として，自分のまちのソーシャル・キャピタルの程度・
現状を把握することが必要である。住民力の把握のためのアンケートなど
の開発が急がれる。

　③ソーシャル・キャピタルは，無理矢理つくるものではなく，自発的に
形成されていくものである。行政は，地域や社会で生活・活動している市
民，地域コミュニティ，NPOなどのテーマコミュニティが，その培養がで
きるように後押しし，環境整備を行うのが主たる役割である。

　④ソーシャル・キャピタルのための新しい政策・施策も重要であるが，
これまで行ってきた政策・施策をソーシャル・キャピタルの培養という観
点から再検討し，再構築するほうが有効である。

　⑤ソーシャル・キャピタルで目指すのは，機能性，目的性を基本とした
柔構造の新しい絆の構築，異なる組織間において異質な人や組織を対等の

関係で結びつけるネットワークの構築である。

　⑥ソーシャル・キャピタルを守り，創造していくには，関係者(役所，議会，市民，地域団体，NPO等)が当事者意識を持ち，協力することが必要である。そのための制度や仕組みを用意する必要がある。

第Ⅲ部　令和時代の地方自治・2040年
問題を乗り越える12の政策提案

第1章　全員が自治の当事者となる基本ルール・自治基本条例

(1)　自治基本条例とは

　昭和22（1947）年に作られた地方自治法は，今日の社会経済状況とすっかりずれている。今日の事情に対応する法律がない状態を法の欠缺というが，この地方自治法に欠けている部分を補おうという動きが，自治基本条例の制定である。

　全国で300以上の自治基本条例が制定されているが，地方自治法が不足するどの部分を補おうとするのかにより，大別して2つの考え方がある。

● 行政・議会の民主的統制条例

　2000（平成12）年に制定された北海道ニセコ町まちづくり基本条例が，この代表例で，自治体の民主的統制を主眼とする条例である。

　つまり，地方自治法は，住民の権利として，政府の行動をチェックし，監視する権利が規定されているが，直接請求権や住民監査請求権など僅かな規定しかない。そこで，その不足を補うべく，この条例には，役所の仕事を民主的，市民的にするための細かなルールが書かれている。そして自治基本条例の大勢は，この監視型条例になっている（これを私はニセコの呪縛といっている）。これは信託論に基づく自治基本条例でもある。

● 励まし型条例

　今日では，励まし型の自治基本条例も制定されるようになった。新しい公共論の立場から，公共の主体としての市民，自治会・町内会，NPOの自立性や社会性に力点を置いた条例である（愛知県新城市や埼玉県戸田市な

ど)。

　民主的統制型条例との違いは，自治のあるべき姿やその理想を実現する
ための課題はどこにあるのかについての認識の違いにある。

　役所や議会こそが自治の担い手であり，そのさらなる強化が自治を強め
ると考えれば，ニセコ町のような条例になる。その点も忘れてはいけない
が，それ以上に市民自身が自治の担い手として，その持てる力を存分に発
揮することが必要であると考え，それには市民自身の自立性(自律性)や公
共性を高めていくことが喫緊の課題であると考えると，公共主体としての
市民をきちんと位置付け，それを後押しする自治基本条例になっていく。
この条例は，新しい公共論に基づく条例である。

　この点については，すでに見たように，人口減少，少子高齢化が急速に
進み，まちを維持する税収が大幅に減少していくなかで，政府に対する民
主的統制だけで，地方自治は到底，維持できないのは自明である。民主的
統制を行う市民自身が，自ら公共の主体として，行動していくことが必要
である。

　このように考えると，自治基本条例は，自治体の専横から市民を守るた
めに，行政や議会をコントロールするだけでは足りず，市民の自立性(自律
性)や公共性を高め，まちを元気にする励まし型の自治基本条例であるべき
だろう。

● 自治基本条例・次の展開

　自治基本条例は，民主的統制型から励まし型に転換しつつあるが，次は，
信託論や新しい公共論をさらに深化させ，その内実化を図る条例が生まれ
てくるだろう。

　まず信託論の深化・内実化であるが，これまでの信託論は，市民によっ
て信託された行政や議会の民主的統制ばかりに目が行っていた。もちろん
それも重要であるが，同時に信託する市民の側に光を当てて，市民がきち
んと信託しているか，言い換えると，市民がきちんと信託できるような制
度や仕組みまで考えていくようになると思う(公開政策討論会制度など)。

　次に，新しい公共論の深化・内実化では，市民も公共の担い手であるが，
市民の中にも，存分に力を発揮していない市民(若者，定住外国人，企業な

ど)がいるので，これら市民に光を当て，彼らが存分に力を発揮できるように後押しする制度や仕組みまで踏み込む条例である(若者参画政策や定住外国人活躍政策)。

(2) 法の欠缺を補う－励まし型自治基本条例の内容

● 市民，行政，議会の三者の役割

　地方自治法は全部で473条もあるが，大半が行政と議会に関する細かな規定で，住民が主語の規定は６条しかない。自治会・町内会，NPOやボランティア，企業等の活動を促進する規定もない。昭和22年制定の地方自治法は，「地方自治は行政と議会でやる」という考え方でできあがっている。

　したがって，自治基本条例で書くべき内容としては，自治(まちづくり)の基本理念や基本原則(どんなまちにするか)，自治(まちづくり)の主体として市民の役割(権利や責務)，役所や議会が自治(まち)のために存分に力を発揮できる規定，市民や地域コミュニティ，NPOが自治(まち)のために，元気で存分に力を発揮できる規定である。

　自治基本条例では，市民，行政，議会の３者が，それぞれ力を出していくことや協力していくという仕組みが自治基本条例の基本的な骨組みになってくる。

　①市民が，自立(自律)し，他の市民や行政等との協力，連帯しながら，公共的なことに関わっていく仕組みをつくり，運営していくのが基本である。行政は市民の活動を支援，後押しするのが，その重要な役割である。

　②行政が，その持てる能力・資源を市民の幸せ実現のために発揮できるように，既存の仕事を見直し，少しずつ変革していくことである。また，行政の変革が市民に見えると，市民自身の自立(自律)，連帯にも弾みがつく。

　③議会・議員は，市民にその役割，重要性を再確認してもらえるように，新たな努力が必要である。議会・議員の役割において，今日，最も重要なのは，市民が抱える問題に対処して対案を提案し，市民が本来持つ活力を引き出す役割である。そして，それには，市民との対話が欠かせない。

● 情報共有

　市民が，公共主体として，公共的な課題に対して，的確な判断をくだし，

行動できるためには，正しい情報は欠かせない。

　情報共有の原則をめぐって，大別すると２つの考え方がある。

　ひとつは，信託論からの帰結で，自治体が保有する情報は，市民の財産であるという考え方である。情報公開は市民の権利であり，自治体は保有している情報を市民に提供するのは責務であるということになる。実際，行政が保有している情報が圧倒的に多いことから，行政情報の提供や公開制度を規定する積極的な意味がある。監視の地方自治からは，市民に関する情報を自治体が悪用，濫用しないかという観点から，制度設計及び運用が行われることになる。

　他方，新しい公共論では，役所・議会と並んで市民も公共政策の主体であると位置づけると，さらに一歩進んで，それぞれの持つ情報は，共有財産として相互に利用すべきである点も視野に入ってくる。こうした考え方に立てば，行政・議会からの一方的な情報提供だけではなく，市民からの積極的な情報提供のシステム化も必要になる。また市民間での情報共有も重要になってくる（草加市自治基本条例では，「市民は，自らのまちづくりに関する情報を互いに共有するよう努めます」（第13条２項）と書かれている）。

　励ましの地方自治からは，市民からの情報公開請求を待たずに，自治体自ら，その保有する情報を積極的にわかりやすく提供することが重要になる。監視の地方自治では，情報を加工せずに，ありのまま出すことがよしとされるが，励ましの地方自治では，市民でも理解できるように整理，加工して出すことも重要になる。

● 参加，協働

　地方自治法には，自治体の組織及び運営に関する事項が非常に細かく規定されている反面，市民参加や市民協働などの今日の自治運営の基本となる事項に関する規定がほとんどない。わずかに，条例制定改廃請求権等の直接請求権や住民監査・住民訴訟が参加の制度として規定されているが，厳しい定数要件など利用条件が厳しく，使い勝手がよい制度とは言えない。

　自治は，自治の担い手が，積極的に参加してはじめて機能するが，市民が，まちづくりの当事者として，企画，立案，実施，評価の各段階で主体

的に関与する仕組みが必要である。

　信託論からは，参加の対象はもっぱら行政と議会であるが，新しい公共論からは，それに加えて，公共性が強い市民活動(地域コミュニティ・NPO活動等)への参加も視野に入ってくる。後者は，市民の権利ではなく，仕組みとして構成すべきだろう。権利としても仕組みとしても，参加は強制されるものではなく，自治基本条例では，参加を支援・誘導する施策を数多く用意すべきである。

　自治基本条例には，住民投票制度，意見提出手続，附属機関への参加，市民委員会の設置，総合計画等への参加，応答義務，議会への参加，その他，行政評価への参加，広報広聴活動への参加，対話の場の設定などが規定されている。

　協働は新しい公共論から導き出されるもので，行政，議会，市民が，公共主体であり，それぞれの特性を存分に発揮し，公共を担うことである。具体的な仕組みは，協働支援条例等に委ねられるが，自治基本条例では，協働の考え方を明示する意味がある。

● 内容・つくり方において大事なこと

　自治基本条例の内容やつくり方において，大事なことをまとめておこう。

　①市民一人ひとりが，自分たちのまちの現状と未来を正しく理解することである。地方創生の際に，人口ビジョンや総合戦略をつくり，統計数値も揃っている。これら客観的データを活用しながら，まちの未来を考えていこう。

　②これを人任せ，役所任せにせず，市民一人ひとりが，どうすれば住みよいまちになっていくか，自分の問題として考える機会をつくっていこう。自治基本条例の制定は，協働が欠かせない。

　③それを分かりやすい文章にまとめ，みんなのルールにして，気がついたときや迷ったときに読めるようにしよう。これが自治基本条例である。

　④自治基本条例はつくるだけでなく，内容を具体化する制度や仕組みを続けて，みんながその力を存分に発揮できる機会をつくることが重要である。プラットホームの役割である。

　自治基本条例は，自治の関係者が，自治の基本を体得できるようにつ

くっていく必要がある。地道ではあるが，こうした基本から始めていかないと，まちづくりの当事者としての自覚と覚悟はできていかないだろう。

(3)　自治基本条例の誤解と不勉強

● 自民党の勇み足

　自由民主党政務調査会は，『チョット待て‼ 自治基本条例～つくるべきかどうか，もう一度考えてみよう～』というパンフレットを出している。自民党が政権から外れ，野党第一党のときに作ったものである。

　このパンフレットの主張をよく読むと，自治基本条例は，住民生活に本当に役に立つか，住民間の対立をかえってあおることはないか，地方行政の仕事の妨げ，議会の否定にならないか等の観点から，「注意しよう，気をつけよう」と言っているだけであって，自治基本条例を制定してはいけないと言っているわけではないが，自民党の意見ということで，自治体における自治基本条例の制定の動きに大きなブレーキになっていったことは間違いない。

　内容については，政治的主張が色濃いパンフレットなので，講学的な視点で検討をする意味は乏しいが，このなかで，「地方自治が住民の信託によって成り立つとする複数信託論が憲法の趣旨を大きく逸脱する」と指摘している点は注意すべきである。

　同じパンフレットで，複数信託論は，「これでは議会も行政も法的根拠が不要になり，市民の総意でどのようにでもなり，市民の言いたい放題になって収拾がつかなくなる危険性があります。この考え方は，法律の範囲内で地方自治を認めている憲法の考え方とは大きく異なっています」と書かれている。

　議論が飛躍している文章なので理解が難しいが，「そもそも国政は，国民の厳粛な信託によるもの」（憲法前文）と明示の規定があるので，国に対する信託論については，異論はないだろうから，この立場は，地方自治は，国（中央政府）に信託されたものの一部を国が地方自治体に再委任していると考える立場であると思われる。まるで2000年の地方分権以前に逆戻りするような考え方である（再委任では，市民の暮らしが立ち行かないと考えて，地方分権が行われた）。

自民党は，さまざまな価値をあわせ持つ政党なので，このパンフレットの考え方で統一的な政権運営をしているわけではないが，地方自治に対する考え方が露呈したものになっている。

　自民党は，政権復帰後，地方創生を始めるが，地方自治をこのパンフレットのような国からの再委任論で考える限り，国(上)からの地方創生，市民にとって，地方の活性化は，国から押し付けられたものになってしまう。これでは，地方創生の成功はおぼつかないことは，明らかである。

● 市民の当事者性と内発力が決め手

　地方創生に限らず，停滞する日本を打破し，新たなイノベーションを引き起こすのは，市民一人ひとりの当事者性と内発力である。これが励ましの地方自治の本旨である(2040年問題を乗り越える基本的スタンスでもある)。

　例がよくないが，革命でできた国民国家フランスは，戦争にめっぽう強かった。革命に危機感をいだいてフランスに介入した他国の軍隊は，町人や農民からなる軍隊に負け続けた。その強さの秘密は，ナポレオンが戦争上手だったこともあるが，ナショナリズムに基づく連帯感である。つまり，自分たちがフランスという国を作り，フランスは自分たちの国であるという当事者性とそれ故，自分たちが国を守っていくという内発性が強い軍隊をつくっていった。

　ただ，日本は，もう戦争はしないので，日本がつくるべきは，戦争に強い国ではなく，みんなが幸せに暮らせる強靭な国である。この国づくりも，フランス革命でできたフランスと同じで，この国は自分たちの国であるという当事者性と，国民一人ひとりが，まちのために行動するという内発力が必要になる。2000年から始まった地方分権や2014（平成26)年の地方創生は，こうした国づくりを基盤からつくり直していく試みであるが，市民の当事者性と内発性を引き起こせなければ不発に終わる。

　市民一人ひとりの当事者性と内発力をまちづくりの基本とするのが自治基本条例である。日本再生の元となる自治基本条例を政治的な対抗軸を出すために，あっさりと否定してしまったのは，勇み足で，それが，その後の地方創生や一億総活躍政策などが，盛り上がらない背景となっている。

● 自治基本条例と一億総活躍

　2015（平成27）年10月7日に発足した第三次安倍改造内閣で、「一億総活躍」という新しいスローガンが発表された。一億総活躍社会とは、若者も高齢者も、女性も男性も、障害や難病のある方々も、一度失敗を経験した人も、みんなが包摂され活躍できる社会である。つまり、一人ひとりの、個性と多様性が尊重され、家庭で、地域で、職場で、それぞれの希望がかない、それぞれの能力を発揮でき、それぞれが生きがいを感じることができる社会の実現を目指すものである。

　これは自治基本条例が目指す、すべての市民が存分に力を発揮する社会をつくるということと同じである。ただ、自治基本条例の場合は、「9人で野球をやろう」が標語なのに比べて、国の場合は、一億人なので、さすが規模は大きいが、考え方は同じである。

　一億人が総活躍するには、その前提として、国民の一人ひとりが、活躍することを認め、出番をつくることが必要になる。それには、身近なところから、草の根でしっかりと足が地についた活動があってこそ、しっかりした土台ができるが、その理念である「自治体は市民の信託によってできている」（＝自分たちの自治体）という複数信託論を否定してしまっては、行動の拠り所を失ってしまう。その具体的ツールとなる自治基本条例を否定してしまっては、活躍の出番を逸してしまう。結局、国（上）からの一億総活躍になって、「働かされている感満載」と評される一億総活躍になってしまった。

(4)　自治基本条例でまちが元気に

　自治基本条例をきちんとつくると、まちは元気になる。具体的事例を紹介しよう。

● 行動の立脚点が明確になる

　自治基本条例は、譬えていうと、「野球は9人でやろう」である（最近ではラグビーのone for all, all for oneのほうが分かりやすいかもしれない）。今までの野球は、行政と議会だけでやっていた。市民は観客席にいて、その

野球を見ていた。市民は評論家に過ぎなかったが，今度は，グラウンドに降りて，一緒に野球をやろうという思いを込めた標語である。

　9人で野球をやろうとすると，ルールが必要である。9人で戦うには，それぞれの役割や守備範囲を明確にしなければならない。全員で情報を共有することが必要である。ピンチには，一堂に集まって協議する必要もある。情報共有，参加，協働のルールである。こうしたルールを定めたものが，自治基本条例である。

　地方自治において，こうした役割が明示され，明文化されることで，自治の担い手たちの誤解や思い違いも少なくなる。共感も生まれてくる。どのように行動するのか，行動の立脚点が明確になることから，自信を持って行動することもできるようになる。

● 新しい政策が生まれてくる

　自治基本条例で，行政，議会のほか，市民，地域活動団体，NPO，企業等が，その持てる力（知識，経験，行動力）を存分に発揮して，つまり自治体の税と市民の経験・行動力の両輪で，自治の諸問題に立ち向かおうという条例である。ならば，現状，誰が力を出していないかを考えれば，そこから新しい政策が生まれてくる。

　愛知県新城市では全国に先駆けて若者政策を提案した。これまで存分の力を発揮してこなかったもののひとつが，若者である。そこに注目した条例である。

　新城市では，まず自治基本条例で，今後の自治経営のあり方として，行政・議会のほか，市民，地域団体，NPO，企業等がその持てる力を存分に発揮して，自治の諸問題に立ち向かっていくことを明確にした。

　そのうえで，次世代の担い手として期待されながらも，これまで地域とは疎遠であった若者の出番をつくる若者政策や若者議会，男性優位社会の中で，出番が少なかった女性の出番をつくる女性議会，身近な自治を実践する仕組みとしての地域自治区，企業や事業者の奮闘を期待する地域産業総合振興条例など，自治のアクターが，その力を発揮するための政策を矢継ぎ早に提案してきた。

　新城市の若者参画政策は，そのひとつで，若者の居場所と出番をつくる

図Ⅲ-1-1　新しい政策が生まれてくる（愛知県新城市）

若者議会　　　　　　　　　　女性議会

（資料）　新城市ホームページ

政策である。新城市の若者参画政策は，自治基本条例があって初めて生まれてきた。

● まちが元気になる

　静岡県焼津市では，ふるさと納税で，たった1年半で日本で2番になった。その秘密も自治基本条例にある。

　焼津市自治基本条例には，事業者は「地域社会の一員として暮らしやすいまちづくりに寄与するように努める」という規定があり，次いで，「市民（事業者を除きます。），議会及び市長等は，事業者が行う経済活動がまちづくりに貢献するものであることに鑑み，事業者の活動に対する理解に努め，事業者とともにまちづくりに取り組みます」という規定がある。つまり，みんなが力を出すなかで，事業者も力を出すという規定である。

　焼津市のふるさと納税の特色は，1000品目を超える返礼品があることである。これまで，ふるさと納税といえば地方の名産品である。つまりエリートであるが，これに対して，自治基本条例は，みんなで野球をやろう，つまり全員野球の発想なので，企業についても，一部の選ばれたエリート企業だけでなく，全企業参加でまちを盛り上げようということになる。つ

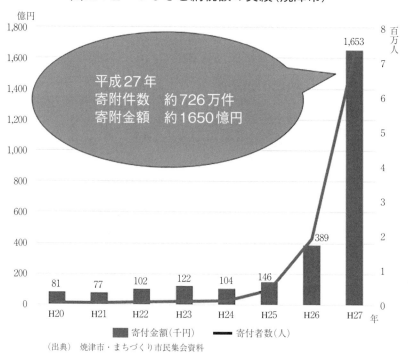

図Ⅲ-1-2　ふるさと納税額の実績(焼津市)

（出典）焼津市・まちづくり市民集会資料

　まり，自分の商品が名産品だと思えば，その地方の名産品である。ふるさと納税の返礼品も，その延長線上にあり，だから，焼津市では1000品目の返礼品となり，その結果，1年半で日本で2番の納税額となった。

　自治基本条例というと，抽象的で理念的で，あえて作る意味があるのかという意見があるが，それは「条例をつくる」という意味が分かっていないからである。社会が変わるから条例をつくるのである。逆にいえば，より良いまちができるように，条例をつくっていく。

　自治基本条例をきちんと作った流山市，新城市，焼津市などは，行政，市民，議会から，たくさんの知恵が生まれてきて，全国をリードする政策を次々に打ち出すようになった。

　自信をもって言えるのは，自治基本条例をきちんとつくれば，まちが元気になるということである。

＊　自治基本条例の全体像については，松下啓一『自治基本条例のつくり方』
　（ぎょうせい）を参照。

第2章　公共主体としての市民・行政する市民

(1)　地方自治法と住民

● 住民の概念

　地方自治法では，市民という言葉はなく，住民が使われている。「市町村の区域内に住所を有する者」（第10条1項）が住民である。この住民概念を基本に，権利・義務や諸制度がつくられている。代表的なものが，「住民は，法律の定めるところにより，その属する普通地方公共団体の役務の提供をひとしく受ける権利を有し，その負担を分任する義務を負う」（第10条2項）の規定である。

　住民には自然人と法人が含まれる。住民は，国籍，年齢，行為能力等は一切問われない。外国人も住民である（住民基本台帳法の適用対象で住民票に登録される）。そこに生活実態を有する者の福祉を増進させるのが地方自治であるから，納税していなくても住民であり，役務の提供をひとしく受ける権利等を持っている。

　自然人の場合，「生活の本拠」（民22条）が住所である。生活の本拠に当たるか否かは，住居，職業，生計を一にする配偶者その他の親族の存否，資産の所在等の客観的事実に，居住者の言動等により外部から客観的に認識することができる居住者の居住意思を総合して判断するのが相当である。

● サービスを受け，要求・監視する住民

　地方自治法は，住民が行政や議会・議員を民主的に統制するという監視の地方自治の観点から組み立てられている。

　そのため，地方自治法では，住民が主語の条文は，6条のみである。第

10条は役務の提供を受ける権利・負担を分任する義務，第11条は選挙権，第12条は条例の制定・改廃請求権，事務監査請求権，第13条は議会の解散請求権，議員・長等の解職請求権，第242条と第242条の2では，住民監査請求権，住民訴訟である。

　地方自治法以外でも，住民の権利を規定しているものがある。たとえば情報公開制度であるが，この制度は伝統的な住民自治の概念に起源を有するもので，市政は，市民の信託を受けて行われるものであり，行政は信託者(主権者)である市民に対して，その活動について説明する責務(説明責任)を負っている。逆に言えば，市民は市政に関して知る権利を持っていて，それが情報公開請求権であり，市民が行政をコントロールするための制度が情報公開制度である(なお，行政機関の保有する情報の公開に関する法律では，行政文書の開示を請求する権利を認めており，この開示請求は，国民に限らず，外国人・法人など何人でも請求できる。本法を受けて，情報公開条例でも，「何人も」に改める例が増加しているが，情報公開請求の制度の根幹は住民自治にある)。

　個人情報保護制度も同様で，個人情報の取り扱いについて必要なルールを定め，自己情報の閲覧，目的外利用の禁止，自己情報の訂正等の権利を保障することで，行政による市民の個人情報の無秩序な利用から市民のプライバシーを守り，公正で信頼される行政を担保しようという制度である。

(2)　住民から市民に

● 住民だけでは自治はできない

　地方自治法ができた1947(昭和22)年当時は，農業，鉱業など伝統的な自然資源依存型産業が主要な位置を占めていた。その後，産業の中心は，製造業，さらにはサービス業へと変化した。また，道路交通網の発達，情報通信の高度化等が加わるなかで，地方自治の住民概念だけでは，地方自治ができなくなった。

　たとえば，埼玉県戸田市を例に見ると(平成22年国勢調査)，人口は123,079人で，このうち就業者は62,608人である。就業者のうち，市内で働く人は21,689人(約35％)にとどまり，約4万人の市民は，市外に働きに行っている(東京都が最も多い)。

126

　他方，戸田市内で働く就業者は59,355人で，このうち市内在住者は21,689人（約36.5％）にとどまり，市外から約38,000人が戸田市に働きに来ている。つまり，昼間でみると，戸田市では働き盛りの人たちが市外に働きに出掛けてしまい，その分，市外から働きに来ている人が戸田市にいるというのが，この市の姿である。

　こうした自治体は，首都圏の近郊にはいくつもある。こうした自治体では，市外からの在勤・在学者を無視しては，防災，防犯その他，まちづくり活動ができない。

図Ⅲ-2-1　市域を越えた活動（戸田市）

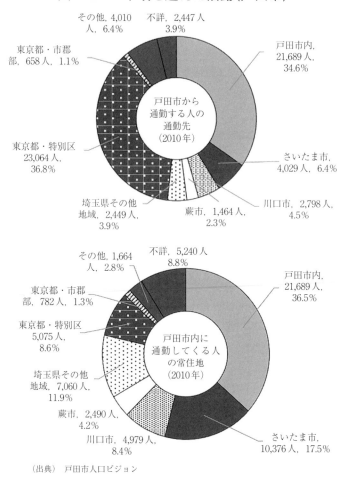

（出典）戸田市人口ビジョン

　通勤・通学者，市内で事業やその他の活動を行う人や団体は，住民登録がないことから，住民とは言えないが，そのまちで活動し，多くの時間を使っていることから，まちづくりの重要な担い手である。自治基本条例では「市民」という概念がつくられ，住民のほか，在勤，在学，地域で活動している人や団体も含め，まちづくりの主体として位置づけている。

● 関係人口という考え方

　地方自治法は1947（昭和22）年の状態にとどまったままであるが，地方自治の政策は，もっと前に進んでいる。

　最近では，国は，「関係人口」という考え方を打ち出した。関係人口とは，そこに住んでいる「定住人口」でもなく，また観光に来た「交流人口」でもなく，地域と多様に関係する人を指す言葉である。この「関係人口」に着目する事業を支援する動きを始めている（関係人口創出事業）[47]。

　国や自治体による各種の少子化対策にもかかわらず，未婚率は上昇を続け，合計特殊出生率は低迷を続けている。また地方には，進学先や就職先がないことから，若者の都会への流出はとどまらず，Ｕターン，Ｉターンの移住対策もなかなか思い通りには進まない。

　定住人口の増加に対する取り組みは今後も続けていくが，今すぐには効果が期待できないなかで，その地域に何らかのルーツがある人（本籍がある人，かつて住んだことがある人など），ふるさと納税で寄附をしてくれる人，その人が持っているスキルや知見をまちのために提供してくれる人等，つまり地域との関わりの存在，地域への想いの強さに着目して，こうした人たちに，まちのために存分に力を発揮して貰おうというのが，関係人口の考え方である。これらの人たちと継続的につながる機会をつくり，まち

47　総務省は，「観光に来た「交流人口」でもなく」として，交流人口を観光に来た人に限定している。しかし，もともと交流人口の概念は，1977年6月30日に閣議決定された第四次全国総合開発計画（四全総）で，多極分散型国土の構築を定住と交流によって行うこととしたことをうけて，交流の効果や地域に与える影響を体系的に捉えるために交流人口に注目したという経緯がある。したがって，ここに言う交流人口は，外部からある地域に何らかの目的で訪れる人の意味として使われていて，訪問の理由は，観光のほか，通勤・通学，ショッピング，レジャー，スポーツ，アミューズメントなど幅広い訪問動機を含む概念である。

に関心を持ち続けてもらい，まちづくりに関係してもらおうというのが，関係人口政策である[48][49]。

(3) 公共を担うコミュニティ

● コミュニティの種類

コミュニティは，大別して，地域を基盤としたコミュニティ（地域コミュニティ）と，特定テーマで結集したコミュニティ（テーマコミュニティ）に分類できる。前者の代表例が自治会・町内会であり，後者の典型例がNPOである。

● 地域コミュニティの役割

地域コミュニティには，①親睦，②地域環境維持，③地域課題解決，④行政補完機能，⑤地域自治等の諸機能がある。法制度では明定されていないが，これら地域福祉機能や行政補完機能が，今日までの豊かな市民生活を支えてきた。ただ，その機能も，近年では減退傾向で，たとえば，自治会・町内会の加入率は，全国的に低減傾向となっている。

図Ⅲ-2-3では，近隣の人と「親しくつき合っている」は，1975年は52.8%であったが，2007年の「よく行き来している」は10.7%となっている。近隣関係が希薄化していく推移を確認できる。

東日本大震災では，地域コミュニティの有無や活発度が，住民の生死を分ける場面が，あちこちで現出したが，地域コミュニティを法的制度の埒外に置いて，公共機能を分任させるやり方の限界が見えてきたといえよう。

48　2020年からは，第2期「まち・ひと・しごと創生総合戦略」が始まったが，ここで新しく登場したのが関係人口である。その基本方針には，「将来的な移住にもつながる関係人口の創出・拡大」と記載されていて，関係人口は，地方創生のための有力な手段と位置づけられるようになった。

49　地方自治における喫緊の課題のひとつが，地方の定住人口減少対策であるから，関係人口の対象も移住する自然人になりがちである。しかし，人には，自然人の他，法人も含まれる。その地域にルーツを持つ法人が，まちづくりの重要な担い手になりうることを忘れてはならない。今は，日本を代表する企業に成長したけれども，出発点は地方の一企業だったというケースもたくさんある。企業は，企業ならではの強みを持っているので，これを「ルーツ法人」として，関係人口政策の対象として，関係性を強めていくとよいだろう。

図Ⅲ-2-2　コミュニティの分類

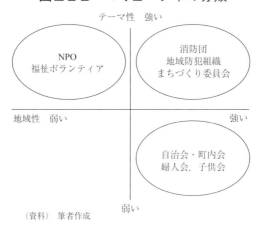

（資料）　筆者作成

図Ⅲ-2-3　近所付き合いの程度の推移

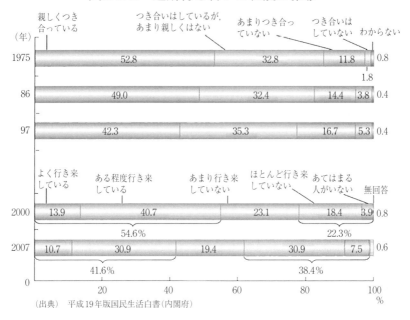

（出典）　平成19年版国民生活白書（内閣府）

● NPOの役割

　NPOとは，Non-Profit Organizationの略語で，直訳すると非営利組織を意味する。

表Ⅲ-2-1　NPOの分類

分　類		活動の特色	例
仮託型・参加型	仮託型	期待の提示が必要，目立つ活動（名称，実績，信頼）	国境なき医師団，グリーンピース
	参加型	親しみやすさ，敷居の低さ（参加しやすいプログラムや会費）	三島ゆうすい会
先駆型・協力型	先駆型	公共の政策化を目指す	かながわ女のスペースみずら
	協力型	行政支援の活動等を行う	公園愛護会
公平型・関心重視型	公平型	行動原理は行政類似となる。反面，安定的なサービス提供ができる	自治会，町内会
	関心重視型	多様な価値に基づく多様な行動。行政とは相容れない活動もある	テーマ型NPO
問題提起型・実践型	問題提起型	議論を提案し，社会に問いかける。広めるためのフォーラム等を行う	拉致問題を考える会
	実践型	実践的な活動を中心に行う	リサイクルの会
社会型・個人趣味型	社会型	社会性を持った活動	難民救援の会
	個人趣味型	社会性を帯びることもある	手話を学ぶサークル
ボランティア型・非営利企業型	ボランティア型	無償の活動が基本。収益部分は少ない	NPOの多くはこのタイプ
	非営利企業型	コミュニティビジネスなど	介護サービス，環境ビジネス
テーマ型と地縁型	テーマ型	ミッションに沿った活動	テーマ型NPO
	地縁型	地域の安全，災害救援などで地縁型団体の重要性が再確認される	自治会・町内会

（資料）　筆者作成

　NPOは，多様性，柔軟性，先駆性など様々な特性を持っており，行政の持つ公平性や企業の利潤追求といった行動原理にとらわれず，地域課題に対して迅速で先駆的な取り組みができる。これらの特性を活かすことで，より効果的な自治経営が可能となる。

(4)　まちのために市民が存分に力を発揮する

　これら公共主体としての市民が，まちのために，その力を存分に発揮できるように，市民の活動を後押しするための政策が必要である。

● 公共主体としての市民をきちんと位置づける。

　地方自治法では，住民は，主権の行使者として，サービスを受け，自治体をチェックする権限を持つが，福祉，環境，まちづくりなど地方自治の現場では，市民（コミュニティ等を含む）の役割が非常に大きい。地方自治法の不足を自治基本条例等で補い，まちのために公共活動を行う主体（公共

主体市民）として位置づけることが必要である。

● 地域コミュニティへの法的対応

　法律とコミュニティの関係では，当然のことながら，コミュニティにふれている法律はきわめて少ない。

　地域コミュニティや自治会，町内会という言葉は法律用語ではなく，これら言葉を使う法律もない。法律用語は，地縁による団体である。この用語があるのは，地方自治法のほか，住生活基本法，地方税法，保険業法のみである。

　このうち地方自治法の地縁団体に関する規定は，第260条の2から第260条の39まで詳細にわたっている。1991（平成3）年の地方自治法改正でできた規定で，地縁による団体に法人格を認可し，不動産等の権利を登記できる道を開いたものである。要するに，自治会・町内会は，法人格を持って，町内会館が持てるという規定である。

　地域コミュニティに対する法的対応をどのように考えるかは，今後に委ねられるが，議論のポイントは，地域コミュニティの公共性（地域課題に対する政策提案，政策決定過程への積極的参加），自立性・市民性（行政依存からの脱却，自立・自律，自己責任・自己決定），民主性（運営ルールの透明化，情報公開，説明責任の充足，評価システムの構築）の向上である。

　こうしたなかで，自治体においては，地域コミュニティに踏み込む条例がつくられはじめている。自治会への加入促進・自治会活動の活性化を図ることを目的とする条例で，町会・自治会への加入及び参加を促進する条例（草加市），町内会・自治会の活動の活性化に関する条例（川崎市），自治会等の振興を通じた地域社会の活性化の推進に関する条例（さいたま市）等，個性的で多様なものとなっている。

● NPO法（特定非営利活動促進法）の意義と限界

　テーマコミュニティを対象とするのがNPO法（特定非営利活動促進法）である。NPOの中には法人格を持たず活動している団体も多数あるが，法人格がないと銀行口座の開設や事務所の賃借などを団体の名で行うことができない。法人格を得れば社会的信用も得やすい。こうした不都合を解消す

るとともに，NPO活動を促進することを目的に作られた法律である。

その第1条を見ると，この法律は，「特定非営利活動を行う団体に法人格を付与すること等により，ボランティア活動をはじめとする市民が行う自由な社会貢献活動としての特定非営利活動の健全な発展を促進し，もって公益の増進に寄与すること」（第1条）と書かれている。特定非営利活動促進法というよりは，NPOに法人格を付与することを通して，NPO活動を促進する法律で，全81条のほとんどが，法人の設立や管理・運営，監督に関する技術的・手続的な規定で占められている。その意味では，限定的なNPO創生・育成法と言える。

NPO法は，テーマコミュニティの支援，育成そのものには踏み込まず，法人格を付与する道を開いて，間接的にコミュニティ活動を促進するという位置づけになっている。正確に略称すれば，法人格付与法と言えるだろう。

これに対して，自治体では，法の不足を埋めるべく，協働条例を制定している。協働条例も多様なパターンがあるが，現時点での到達点は，岡山市協働のまちづくり条例である。

この条例には，①地域拠点・地域コーディネート機能整備，②人材育成，③団体育成支援，④多様な主体からの情報発信・情報提供，⑤多様な主体間での交流機会の提供，⑥すぐれた取組の表彰，⑦協働事業へ補助金交付，⑧土地・施設等無償貸与，⑨コーディネート機関の設置等が規定されている。

● 行政する市民制度・3年役所システムの検討

2016（平成28）年時点で，全国自治体における非正規職員数は，64万人になった。総職員数は274万人であるから，いまや地方公務員の約4人に1人は非正規が占めていることになる。職員数は，今後も減少していくと考えられるので，ますます非正規職員の比率が高まっていくことになる。

役所業務に携わるこれら非正規職員のほか，市民による公役務提供行為は，幅広く行われている。民生委員・児童委員，保護司，消防団員等が代表的な例である。身分は非常勤特別職公務員であるが，性質は無給のボランティアである。この行政委嘱型ボランティアは，かつては地方の名望家や地域の責任で地域の人たちが交代で行ってきたが，名望家がいなくなり，住民と地域

とのつながりも希薄化するなかで，担い手不足に悩まされるようになった。

　自治体の業務を含めて，市民が公共的な役務を広く担う場面が広がってくるなかで，公役務提供行為のあり方や，これら行政する市民の位置づけ・今後の対応について，考え方をきちんと整理しておく必要がある。

　地方自治の大きな方向としては，地域のまとまりごとに，市民自治区的な組織をつくり，「地域のことは地域で決める」ことができるように，市役所から組織と権限を移していくことになる。

　その地域の組織は，もともと地域の住民を守る組織であるが，地域に住む有為の住民は，積極的にその組織の職員になって，住民のための統治システムを支える責務があるといえるだろう。

　したがって，公務員も，一般的な任期なし公務員と市民から任用された任期付き公務員に大別され，後者の公務員も，地域における公務活動において，大きな役割を果たしていく方向に進んでいくことになるだろう。「3年役所システム」で，地域の住民が，3年交代で公務員（非常勤特別職）として勤務するものである。

　さらには，地域ごとの市民自治区組織の所長や幹部職員には，地域の市民を積極的に充てていくべきだろう。新城市では，地域自治区の自治振興事務所長の市民任用制度がすでに行われている[50]。

　また，民生委員や消防団なども公務活動であるが，立場は民間ボランティアでもあり，他方，非常勤特別職公務員でもあるという曖昧さを持っている。これまでならば，曖昧なままで済んでいたが，令和時代は，その位置づけそのものが改めて問われることになる。これらも市民任用の公務活動と捉えて，それにふさわしい条件整備を進めていくべきだろう[51]。

50　新城市では，地域自治区を採用しているが，その要となる地域協議会を支援する自治振興事務所の所長を市民任用している。

51　民生委員については，平成12（2000）年に民生委員法が改正されて，民生委員の性格が，社会奉仕の精神をもって「保護指導」から，「住民の立場に立った相談，助助者」と改められたほか，「名誉職」規定の削除，無報酬性の明示など，ボランティア性が明確になった。民生委員は，地域福祉の担い手として「住民の福祉の増進を図るための活動を行う」という重要な役割を担っている反面，後継者不足，人材難に悩まされている。地域の公務員性を明確にして，地域住民を交代で民生委員に任用する制度も検討していくべきだろう。

第3章　行政計画からの飛躍・
公共計画としての総合計画

(1)　総合計画

● 総合計画の意義

　総合計画によって達成しようとする目的は，次の点である。

・総合的な観点からの政策の体系化を図る

・自治体経営の将来見通しを明らかにする

・市民へ行政活動の説明を行う

・限られた行政資源の効率性や有効性を重視し，行財政運営を行う

　総合計画の構造については，『市町村計画策定方法研究報告』（1966年
財団法人国土計画協会）において総合計画のモデルが提示されて以来，基本
構想−基本計画−実施計画の三層構造がモデルとされてきた。約9割の市
町村が，この三層構造型を採用しているとされる。

図Ⅲ-3-1　総合計画の構造（例）

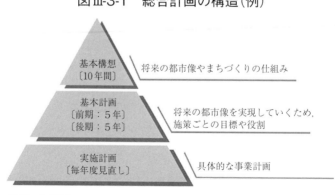

（資料）　筆者作成

　三層構造の計画期間では，かつては10年−5年−3年という形態が多数を占めていたが，社会経済環境の変化が著しい今日では，より短い期間で計画を見直す形態が増えてきた。

● 旧地方自治法第2条4項の削除

　2011（平成23）年に廃止されるまで，地方自治法第2条4項に「市町村は，その事務を処理するに当たっては，議会の議決を経てその地域における総合的かつ計画的な行政の運営を図るための基本構想を定め，これに即して行なうようにしなければならない」という規定があった。

　これには4つの意味がある。

①策定要件（市町村に基本構想の策定を義務づけること）

②手続要件（基本構想の策定は，議会の議決を経ること）

③内容要件（基本構想は，地域における総合的かつ計画的な行政運営に資すること）

④実行要件（自治体経営は，基本構想に即して行われるべきこと）

　これが地方自治法改正によって削除されたということは，①策定要件，②手続要件，③内容要件，④実行要件の義務付けがなくなったということである。

　むろんこれは，総合計画による計画的な市政運営が不要になったということではなく，法律による義務としての計画策定がいらなくなったというにすぎず，自治体が自分たちのニーズと使い方を考えて，総合計画をどうするか，考えることを求められたということである。

　総合計画（基本構想や基本計画）を新たに策定するときには，必ず，①から④までの議論をする必要がある。①策定要件や②手続要件の議論は，それなりに，ほとんどの自治体で行われていると思われるが，③内容要件については，十分に意識されてこなかった。

　具体的には，これまでは，地域における総合的かつ計画的な「行政運営」を図るための計画だったが，従前通り，行政計画にとどめるのか，公共の担い手の多様化に対応するため，公共計画と位置づけ，この計画の主体に市民（自治会，町内会，NPO等も含む）を位置づけるかの違いとなる。

(2) 公共計画としての総合計画

● 行政計画と公共計画

　行政計画とは，首長を長とする行政が計画の策定主体となり，目指す地域社会像とその実現に向けて行政が実施することを明示したものである。計画目標の実現に行政が責任を負うことになる。

　これに対して，公共計画は，地域社会全体が計画の策定主体となり，住民も含めた地域の総意に基づいて策定し，地域が進むべき方向性とその実現に向けた関係主体の役割を示したものとなる（「市町村の総合計画のマネジメントに関する調査研究報告書」平成25年3月・東京市町村自治調査会）。

　人口減少や高齢化がリアルな問題となるなか，総合計画のあり方も，大きく変わってくる。

　これまでなら，主語が行政の「行政計画」でもよかったが，市民，NPO，企業も，それぞれが得意分野で力を発揮して，公共を担うことになると，総合計画も，行政だけでなく，市民(NPO等も含む)も主語の「公共計画」としての総合計画になってくる。

　行政計画ならば，計画の推進に責任を負うのは地方自治体で，市民や事業者は，施策の客体，あるいは受け身の存在にとどまるが，公共計画であれば，地方自治体だけでなく，地域のすべての主体に一定の役割と責任が求められることになる。

　これまでは，何の疑問もなく総合計画を行政計画として位置づけてきたが，旧地方自治法第2条4項の廃止や協働の意義が再確認されるなかで，総合計画のあり方もあらためて考え直してみる必要がある。

● 総合計画を公共計画型に変えると策定時の市民参加の内容が違ってくる。

　行政計画ならば，行政は，現状や課題について市民サイドの意見を聞くことになる。

　例えば吹田市の総合計画では，次のような市民参加を行っている。

　・総合計画市民ワークショップ「みんなで考えよう！吹田の未来」……
　　吹田の今後10年間のまちづくり

・吹田の魅力を再深発見！〜すいたマニアになろう〜……参加者同士で普段の生活の中でふれている市の資源について自慢して，市の魅力の洗い出しを行う。参加者同士で市の様々な魅力や今後のまちづくり等について意見交換を行う

・市民団体リレーインタビュー……市内で活動する市民団体を対象に活動状況や活動における課題，まちづくりに関する意見等についてインタビューによる聴き取り

・高校生アンケート……高校生が市に対して抱いている印象や，普段の生活の中で考えていること，また，市政やまちづくりに対する意見などを把握

・中学生会議……それぞれが思い描く10年後の吹田の未来から具体的に「こんなことができればいいな」と思うこと

　他方，公共計画となって協働型になると，市民もまちづくりの当事者，主体という立場で，①市民主体の活動の現状はどうなっているのか，何が課題なのか。②まちづくりの主体として市民の行動を高めていくにはどういった後押しが必要なのか等の観点からも市民の意見を聞くことになる。

　例えば，リサイクルでは，「リサイクルの重要性は意識しているが，実践が難しい」という現状があれば，この市民の現状に寄り添い，市民の当事者性を高め，市民の行動を後押しするのが，総合計画の内容となる。

　府中市総合計画の市民アンケートでは，各施策に対する満足度や重要度などのほか，「あなたは，自然観察会や体験学習へ参加したことがありますか？」といった内容で，市民の公共的行動を各分野にわたって，市民に聞いている。これによって，市民の行動の現状を把握でき，市民の行動を後押しする次の施策が生まれてくる。

● 公共計画に位置付けると行政内部の調査も変わってくる
　①各課あてに，施策テーマごとに，市民の主体的な取り組み状況を調査する
　②各課は，これまで蓄積したデータや新たな調査によって回答する
　③同時に市民アンケートやワークショップのなかで，市民の主体的取り組みについて，どうなっているか聞く

④ここから，市民の活動を後押しする施策を出していく
というプロセスに変わってくるだろう。

　総合計画の体系も，「市民の活動の現況」があって，それを後押しする
「行政が行うべき施策」という書きぶりになっていくだろう。

● 総合計画の審議会に議員が入ることの意味

　公共計画では，主語が「わたしたち」になるから，私たちの一員である
議員が入るのが当然となる。

　他方，行政が主語となる行政計画では，附属機関の構成メンバーは一考
の余地がある。

　まず，市民であるが，行政の政策に市民の協力が必要なので，市民にメ
ンバーに入ってもらう必要がある。

　議員については単純ではない。行政の計画案を作成する附属機関に議員
が入るべきかという一般論に戻っていくからである。

　かつては，行政の計画策定に議員が入ることは広く行われていたが，こ
れでは二元代表制が形骸化するということで，議員は附属機関には入らな
い方向に統一されていった。二元代表制の理念から考えれば，総合計画が
行政計画ならば，議員は，審議会のメンバーに入るべきではないというの
がスジということになる。

　それでも，総合計画は，別格の取り扱いを受け，議員が審議会に入るこ
とに特段の疑義が出されず行われてきた。総合計画は，行政計画の体裁を
取りながらも，公共計画の内容を含んでいるためだと思われる。

　さらに厳密に考えると，行政計画である総合計画の審議会に参加してい
る議員は，「議会の議員」という立場ではなく，「議員という仕事をしてい
る市民」という立場ということになるだろう。

(3) 代表的事例

● 思い切った基本計画・滝沢市

　岩手県滝沢市では，基本構想を公共計画の性格を有する「地域社会計画」
と位置づけ，さらに基本計画を市民主体の地域づくりの取組を表わした
「地域別計画」（市民行動計画）と市民主体の地域づくりを支援し，市民の想

図Ⅲ-3-2　滝沢市の総合計画（体系）

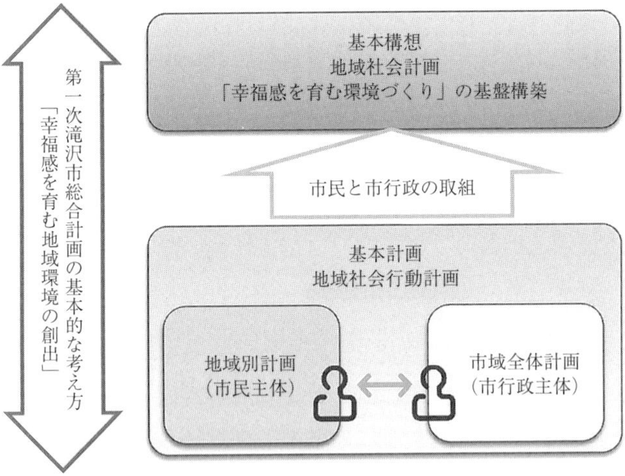

（出典）　滝沢市ホームページ・総合計画

いの実現とセーフティネット（生活の最低水準・滝沢市の最低限度の生活環境基準）を表わした「市域全体計画」（行政計画）の二つの計画で構成されている。

　行政計画は，従来型の基本計画で，基本政策－実施施策というようにブレークダウンされている。市民行動計画は，地区別計画で，自治会・町内会等の活動と個人・家庭に活動に分かれてくる

● 幻の総合計画・大和市第７次総合計画

　公共計画の先駆的な取り組みといえるのが，神奈川県大和市の第７次総合計画である。もともとは2006（平成18）年４月から始まり，計画期間は，基本構想12年，基本計画６年×２，実施計画３年の計画であったが，2007（平成19）年５月には，市長が変わり，この総合計画は凍結状態となり，2009（平成21）年から，新しい総合計画（第８次）に変わっている。実際に動いたのは，平成18年度の１年間だった。

　この総合計画のタイトルは，「大和市みんなが使える総合計画」である。旧地方自治法第２条４項が削除された実質的な理由の一つが，作ることばかりに注力しがちで，費用と手間をかけて作った割には使わないという批

判があったが，この総合計画は，「みんなが使える」ことを前面に打ち出している。

基本計画は，まちづくり編と行政経営篇に分かれているが，基本計画の最初（1－1－1）が，「課題を解決できる力を持った地域をつくる」となっていて，次のように書かれていた。

・目標が達成された姿……多くの市民が地域に関心をもって関わっている

多くの市民が，自治会活動などを通じて地域に関心をもち，共助の意識が高まり，地域の様々な活動に積極的に関わっている状態です

・施策形成の方向……市民の主体的な地域活動を支援します

・目標の達成度を測る指標……自治会加入率

実施計画は，行政実施事業篇と市民提案事業篇に分かれている。市民提案事業とは，市民が提案し行政と協働で，または市の支援を受けて実施する事業で，これが総合計画の内容として記載されている。

総合計画を公共計画とした場合の課題は，行政計画と比べて記述できるだけの市民活動が地域にあるかどうかである。この点，大和市は，全市に市民自治区をつくり，市民自治区ごとの活動事業を活発化する方向性を目指していた。その意味でも，先駆的な取り組みであったと言えよう。

第4章　主体的・合理的に代表者を選ぶ
仕組み・公開政策討論会条例

(1)　リーダーのあり方

　リーダーシップ研究は，社会心理学を中心に発達してきた。

　特性理論は，リーダー側の要因に注目する理論で，リーダーには共通する特性があるはずと考えるものである。しかし，特性があっても，その通りの成果が出るわけではないことから，特性理論は限界があるとされた。

　行動理論は，リーダーがとる行動に着目するもので，リーダーにはリーダー特有の行動が見られる。したがって，リーダーの行動原則が明らかになれば，それに則ってリーダーは教育して育成できることになると考えるものである。しかし，ある時点で有効であった行動が，状況が変わると，有効でなくなってしまう場合があることから，リーダーシップの本質を十分に解明できないとされた。

　リーダーシップ条件適応理論は，リーダーを取り巻く環境，すなわち組織やメンバー，社会環境などの条件を踏まえて，リーダーが取るべき行動を変えていくべきとする理論である。リーダーは，フォロワーの状況や環境状況に応じて，行動を指示型，説得型，参加型などに使い分けていくことになる[47]。

47　パス・ゴール理論(Path-goal theory of Leadership)は，リーダーシップ条件適応理論のひとつで，ロバート・ハウス（R.House）が1971年に提唱した。フォロワーが目標(ゴール)を達成するためには，リーダーがどのような道筋(パス)を通れば良いのかを示すものである。仕事が困難で不確実な場合は，リーダーは，仕事に対する具体的指示やアドバイスに注力し，仕事が安定的・定型的なときは，人間関係に配慮すべきとする。常識的で納得できる意見といえる。

　主権者である住民の立場から見ると，自分の住む自治体が，①自治体を揺るがす大きな課題が発生して，自治体が二分されているなか，これを統合することが急務なのか，②職員，市民の持っているやる気を引き出し，その力を発揮してもらうことが重要なときなのか，③職員や市民の自主的な取り組みや活動が盛んなので，それを見守り，後押しすることが重要なのか等，自治体を取り巻く状況によって，選ぶべきリーダーが違ってくる。

(2)　投票行動の現状

● 投票行動の基準

　だれに投票するのか，投票行動の基準をめぐっては，さまざまな理論があるが，その代表的なものがミシガンモデルといわれるものである。3つの要素で決まるとされている。

　①政党帰属意識(party identification)。特定の政党に対する支持，愛着感である。これは長期的要因で，職業，所属団体，居住地(都市か農村か)が政党帰属意識の形成において重要な要素である。農村部は自民党支持，都市部では非自民党支持が多いといわれてきたが，社会が流動化し，政党帰属意識が減退するにつれて，全体的には，政党帰属意識が薄れて，無党派層が多くなっている。

　②候補者イメージ(candidate image)。短期的要因で，候補者個人の有するカリスマ性に注目した投票行動である。候補者個人のイメージが悪ければ，どんなに政策が良くても，支持を獲得することは難しい。大衆民主主義の選挙では，この候補者イメージが占める割合が大きい。

　③争点態度(issue position)。有権者が大事だと考える政策上の争点を基準に候補者を選択するという投票形態である。争点態度投票の一形態として業績投票があり，その中には選挙区における候補者個人の業績を評価する個人投票モデルと国政における政権担当政党の業績を評価する業績評価モデルがある。業績投票の事例としては，政界のスキャンダル，消費税の値上げなどがある。

　この3つの要素のうち，争点投票が好ましいとされるが，これが機能するには3つの条件が必要であるとされる。

　①有権者が選挙時に政策争点を知っていること，②有権者にとって，そ

の政策争点が重要な意味を持っていること, ③どの候補者が, その争点に関する自分の考えに近いかを知ることができることである。

　ところが, 地方選挙の場合, 政策論議を通して候補者を知る機会や争点態度投票の3条件をうまくつくれなかったので, 結局, 笑顔と握手, 名前の連呼, 無責任な夢のオンパレードのような選挙が行われてきた。その結果, 多くの主権者をシラケさせ, 今日の政治不信につながってきた。住民の代表者を選ぶという最も基本的で肝心なところが, 住民自治にはなっていなかった。

● 投票率の低下

　政治不信の典型例が投票率の低下である。総務省によると, 2015 (平成27)年の統一地方選挙の投票率は, 知事選挙が47.14%, 都道府会議員選挙が45.05%, 市区町村長選挙は50.02%, 市区町村議会議員選挙が47.33%だった。市区町村長選挙は, なんとか50%を超えたが, 他は軒並み50%を割り込んでいる(図 I-1-7参照)。

　1951 (昭和26)年に統一地方選挙が始まったときは, いずれも80%以上の投票率があったので, 30ポイント以上も下がっている計算となる。何よりも, 問題なのは, 毎年, 右肩下がりになっていて, 早晩, 投票率が30%台に突入してしまうだろう。投票率が3割では, もはや主体的・合理的に代表者を選んだとは言えなくなってしまうだろう。

(3)　ローカル・マニフェストの意義と課題

● マニフェストの意義

　こうした投票行動の課題を乗り越える試みの一つが, マニフェストである。これまでの公約が, 抽象的・網羅的で, 住民にとって聞こえのよいもの(ウィッシュ・リスト)が並べられがちであったのに対して, 数値目標, 期限, 財源, 工程などで裏付けられた「実現すること」を集めた政策集がマニフェストである。「あれか, これか」の選択を求める苦い薬だともいわれる。

　マニフェストは, 英国が発祥とされている。日本では2003 (平成15)年に流行語大賞に選ばれている。2003年の公職選挙法の改正で, 国政選挙に関して, 政策をまとめたマニフェストを配布できることになり, 2003年4月

統一地方選挙以降，急速に導入されるようになった。

　このローカル・マニフェストは，地方政治を大きく転換させる可能性を秘めている。

　①候補者は，単なる夢や願望を示すだけでは足りず，実行を伴う具体的政策を示さねばならない。政治家の仕事が，政策づくりという本来の役割に移っていく。

　②有権者は，政策を見て投票することになる。限られた財源をいかに適正に配分するかという問題に，市民自身が直面することから，個人の利害得失を越えて，公共的利益の観点から判断・行動することが求められる。ローカル・マニフェストで，お任せの政治から，市民自身が主権者として責任を分任する政治に変わる。

　③マニフェストが示されることで，政策を基準に候補者を選択する政策論争中心の選挙となる。数値目標や達成期限等が具体的に示されることで，達成・不達成という成果が見えやすく，次回投票の基準になる。

● 限界と課題

　しかし，現実のローカル・マニフェストには困難性や限界もある。

　①日本の地方自治は，二元代表制がとられていることから，執行権を持つ首長候補者のマニフェストも，議会の議決がなければ実行できない。また，議員のマニフェストも，議会・議員自身に執行権がないことから，実効性という点では限界がある。

　②自治体は，翌年度の歳入予測も正確にはできないのが実情である。社会経済状況の変化で，地方税・地方交付税等は激変し，2008（平成20）年の金融危機時は，地域経済にも大きな影を落とした。自治経営では，こうした状況変化に対応して，政策を柔軟に変更・転換する融通性が求められる。ローカル・マニフェストも絶対ではないことに留意すべきである。

　③作成・実行・評価というマニフェストサイクルがうまく回っていることが前提となるが，成果を急ぐあまり，形だけの政策をつくり上げるケースも散見される。マニフェストの達成度の評価が，選挙後になるために，ともかく当選を目指した「夢のようなマニフェスト」がつくられ，当選後，撤回される例が目立ち始めた。

(4)　公開政策討論会条例の提案

● 公開政策討論会条例の意義

　公開政策討論会は，告示前あるいは告示後，立候補予定者が揃って，自らの政策提案能力と実現能力を示し，市町村長や地方議員に期待されている能力があるかどうかについて，さまざまな観点，立場から，吟味を受ける機会をつくるものである。これを条例化するのが公開政策討論会条例である。

　公開政策討論会は，地方選挙を政策上の争点を基準に候補者を選択するという争点態度投票にかえ，候補者個人の能力や業績，人柄等を評価する個人投票モデルに変えるための試みである。

　これまでの夢のオンパレードのような「公約」の提示，笑顔と握手，名前の連呼は，「立候補者のための選挙」であるが，これを「有権者の選挙」に変える試みでもある。有権者自らが，立候補予定者の政策を比較し，判断するということは，市民が「主権を行使する」ことの前提条件ともいえる。

● 公開政策討論会条例によって変わること

　公開政策討論会を開催しても，実際に会場に来られる人は全体のわずかである。つまり，候補者から，直接，話を聞いて判断できるようになった有権者は決して多くはないが，公開政策討論会が選挙のたびに，常設的に行われるようになれば，最も効果を発揮するのは，「公約」が論争にさらされるようになるということである。

　荒唐無稽な「公約」を出せば，公開政策討論会の場で批判にさらされ，恥ずかしく思うことになるから，立候補予定者はそんな「公約」は，自制して出せなくなる。何とか説明に耐えられる政策だけを出すように変わっていくだろう。出した政策が厳しい批判を受ければ，それに負けまいと，ブラッシュアップして，実現可能性のある「公約」に磨かれていくことにもなる。会場に来られる人はわずかでも，この制度をつくることで，無責任な夢のような政策が駆逐され，地に足がついた政策が，出されるようになっていく。

● 関係者の役割

　立候補者は，自らが当選することだけではなく，市民が，選挙に関心を持ち，投票の際に，市民が適切に判断できるようにすることも重要な役割である。立候補するということは，民主主義を実践し，強いものとするために奮闘するという公的責任を果すということでもある。

　市民の役割は，選挙に関心を持ち，選挙に行き，投票の際に代表者にふさわしい人を適切に判断できるように努力し実践することである。

　行政は，候補者や市民が，以上のように行動できるように環境整備を行うのが，その役割となる。

● 愛知県新城市で行われた市長選挙に関する公開政策討論会

　このアイディアのヒントとなっているのが，愛知県新城市で行われた市長選挙に関する公開政策討論会，合同個人演説会である（平成29年10月29日選挙）。告示前に3回，告示後に1回開催された（告示後は，公職選挙法で第三者が合同演説会を開催することはできないので，合同「個人」演説会の名称になった）。

　通常の政策討論会は，中立的な第三者の進行によるので，どうしても中立的な進行に配慮し（特定の候補者に不利になるとみられるようなテーマ設定や進行はできない），通り一遍の議論や各人の言い放しで終わってしまう。

　新城市では，運営は各立候補の陣営から出て行い（各3名。このときは3名の立候補者があったので合計9名とJC等が協力した），当日の討論会の進行は，候補者自らが行うという方式を採用した。

　具体的には，候補者1名がコーディネーターとなって他の2名の候補者に，争点について質問し，議論を促す。1クール20分で立候補者3名で3クールまわすという方法を採用した。その結果，政策に対する考え方（争点態度）だけでなく，候補者の人となりの浮き出る（候補者イメージ）討論会となった。

● 公開政策討論会運営の主な内容

　公開政策討論の運営に当たっては，次のような点に留意すべきである。

・公開政策討論会は，中立公正に運営されなければならない。

・公開政策討論会は，老若男女の誰もが気兼ねなく自由に参加できることが望ましい。

・公開政策討論会は，立候補予定者に参加を義務付けるものではなく，立候補予定者がその意義を十分に理解した上で自ら進んで参加するものである。

・公開政策討論会は，政策や人柄について熟議・熟考する機会の1つの手段であり，他の手段と合わせて複合的に開催されることが望ましい。

・公開政策討論会は，立候補予定者の討論内容を正しく理解できるように，市民が市政に関する知識と情報を有していることが望ましい。

・開催時期としては，できるだけ早くから企画立案することにより，選挙における論点が早くから明確になり，市民の市政及び選挙に対する関心がより高まる。

・立候補予定者の表明の有無に関わらず，少なくとも半年以上前には開催に向け主催団体が動き出せるようにすることが望ましい。

・開催形式は，市民が，立候補予定者の政策や人柄をより理解しやすいような形式で，常に改善しながら，あまり固定化してしまわない方が良い。

・市長選への新たな立候補予定者に対し，行政の有するデータ及び情報を提供する制度を設けることにより，議論の前提条件が整い，より核心にせまる深い討論が期待できる。

・開催費用については，公開政策討論会を主権者教育の一つと位置付け，行政から公開政策討論会等に対し支援が行えるようにする。

図Ⅲ-4-1　公開政策討論会の様子(新城市)

(出典)　ほづみ亮次後援会公式サイト

第5章 これまで参加しなかった市民が
参加する仕組み・無作為抽出型市民参加

(1) 市民参加制度

市民参加の制度・仕組みは数多くある。ここでは主なものを紹介しよう。

● 説明会・意見交換会

説明会は，行政がある事案について，市民がよくわかるように伝えることを目的に集会形式で実施する市民参加の方法である。このうち，市民の意見聴取により比重をおいた説明会が意見交換会である。関係(影響)のある地域や団体などに案件について理解・協力してほしい場合に効果的である。

参加者は，対象案件について興味のある人，利害関係の強い人が多いので，丁寧な説明と公平かつ幅広く意見聴取ができるよう工夫が必要になる。

限られた日程で参加できなかった市民や時間内に話しきれなかった意見や提案等については，事後意見シートや電子メールアドレスを明示するなど，あとで意見表明する機会を提供する。

● シンポジウム・フォーラム

シンポジウムは，1つのテーマについて何人かのパネリスト(講演者)が意見を述べ，その後，参加者と議論する形式の討論会である。フォーラムは，1つのテーマについて，パネリストに加えて参加者との意見交換により重きを置き，議論する形式の討論会である。

専門家や利害関係者，市民同士での意見交換が中心となることから，市民対行政ではない雰囲気の中でより建設的な意見が期待できる。事業や計画を企画・立案し，実行段階前後で，周知を兼ねて実施したり，目標や方

針を広くPRしたりする時に行われる。

　開催にあたっては，パネリストの選定及び依頼，会場の確保，多くの市民が参加できるような開催日時，及びテーマの設定，パネリストの選定について十分検討する必要がある。また，シンポジウム・フォーラム開催に併せて，会場のロビーにパネル展示やビデオ映写を行うなど，会場周辺の雰囲気を高めることも重要である。

● ワークショップ

　ワークショップは，参加者が自由な雰囲気で意見を交わしながら，現状把握，問題点や課題の整理・分析，計画の方向性の提言，計画案・設計案づくりなどを行うのに適した市民参加の方法である。事業立案前後の市民ニーズの把握から，事業内容の検討，事業実施後の評価まで，幅広いタイミングでできる。

　行政と市民が同じテーブルを囲みながら，テーマについて意見を出し，話し合うことができるため，対立構造になりにくく，率直な意見の交換へとつながる。誰もが参加でき，かつ，参加者全員が発言できる。決定過程を参加者全員で共有しながら合意形成していくことで，当事者意識・参加

表Ⅲ-5-1　これまでの会議とワークショップの違い

	これまでの会議(説明会)	ワークショップ
基本的性格	一方向性	双方向の意見交換
行政と市民の関係	上下関係。別のテーブルで議論する	対等，並列の関係。一緒のテーブルで議論する
議論の仕方	・行政からの説明に対して市民が質問し，行政が答弁する ・市民側からの要求に対して，行政が回答する	・市民，行政の知識，経験等を共有しながら，知恵を出しながらともに考える
議論の内容	説明・質疑が中心	議論・提案が中心
結論	答え(結論)が決まっていることが多い	考えながら答え(結論)を出していく
決定要因	・多数決 ・事前の根回し ・声の大きさ ・権威や地位の高さ	・多数の総意 ・その場で議論 ・良い意見かどうか
会議の雰囲気	・堅苦しい雰囲気 ・意見が言いづらい ・一部の人のみが発言する	・穏やかで楽しい雰囲気 ・発言のしやすさ ・全員が発言する

(資料)　筆者作成

意識が生まれ，決まったことに愛着が生まれる。

　進行にあたっては，参加者の自己紹介やアイスブレイクを挟むなどの進行の工夫により，和やかな雰囲気の中で，自由に建設的な意見を出してもらうよう進めることがポイントとなる。進行役にはこうしたテクニック等が求められることから，適切な人材を選定・確保することが重要となる。

● アンケート

　アンケートは，多くの人に同じ内容について質問し，意見や意向，傾向等を把握する市民参加の方法である。事業立案前後の市民ニーズの把握や，事業の評価・改善のタイミングで行う。

　実施手法は，意見交換会や意見交換会などの実施直後に参加者に対して行う方法，調査対象者を住民基本台帳から無作為抽出し，郵送等を用いて実施する方法などがある。住民基本台帳等を使用し，コンピュータシステムに抽出条件を設定することで，例えば総人口における年齢構成割合や地域別人口割合も反映することができ，より実態に即した調査が可能となる。均等に期間を空けて実施することで，事業の発展の確認や，課題の発掘につながる。

● パブリックコメント手続

　パブリックコメント手続は，基本的な政策や条例等の策定過程において，案の段階で広く公表し，市民等からの意見を求め，寄せられた意見や要望，情報に対する市の考え方を明らかにするとともに，有益な意見等を考慮して政策等の意思決定を行う仕組みである。

図Ⅲ-5-1　パブリックコメント手続

（資料）　筆者作成

パブリックコメントで留意すべきは，この制度は多数決ではなく，多様な意見(気が付かなかった視点や意見)を出してもらうことが目的である。

市民は，考える時間を十分にとって意見を作成できる一方で，双方向の意見のやり取りにはならないため，意図の確認等がしづらいといった課題もある。

(2) 市民参加の課題

● 多くの課題

市民参加については，多くの課題がある。

とりわけ自治体側については，消極性が主な課題である(職員の理解・認識，知識の低さ，行政情報の公開・提供の不備や不足，市民参加のシステム・方法が未確立，市民参加を支援する制度の不足等)。他方，市民側にも課題がある(参加意識や基礎知識の不足，参加者の偏り等)。

市民参加をめぐる諸課題のなかで，最も本質的かつ困難な問題は，参加した市民の意見の正統性である。そこに集まった意見は，本当に市民全体の思いを代弁したものと言えるのかという問題である(一部の偏った意見ではないか)。

この難問を乗り越える方法の一つが，住民投票や自由公募型市民参加の試みである。住民投票は，住民のだれもが参加できることから，市民全体の意見ともいえるが，決定された内容は，本当に熟議の結果なのかという問題である(第6章参照)。

また自由公募方式は，参加機会は平等で，全市民が参加できるが，ここでも，「応募する市民は，いつも同じメンバー」という参加者の固定化・特定化という現実がある。これが内容の偏り(市民全体の思いを体現した意見となっていない・内容の非民主性)となってしまうという課題がある。

● 職員の声・不安

他方，市民参加に対する職員の不安は，次の3つに代表される。

①参加者の偏り…市民参加を行っても，参加する人は同じ人ばかりである。参加してくれる市民は高齢者や男性が多く，子ども・若者・女性はなかなか参加してくれない。

　これに対しては，紙媒体や電子媒体など様々な方法を検討し，組み合わせてPRするなどの工夫が必要である。また参加しやすいように時間・場所・託児等の配慮も欠かせない。しかし，結局は，まめに足を運ぶ，口コミや友達関係などを活かすなどの地道な勧誘，PRが最も有効である。

　②意見の取扱いについて

　・市民参加の方法を決められたとおりに実施しても，全然意見が寄せられない。

　きちんと周知をしても意見が少なかったのであれば，少なかったことも大切な意見である。市の目指す方向性が間違っていなかったことを確認できたともいえる。

　・計画等に賛成の人は，意見を出さないので，反対の意見だけが目立ってしまう。

　アンケートや無作為抽出会議で意見を聞くと賛成意見も出る。反対意見も出る市民意見の抽出方法の研究が必要である。

　・行政が扱う内容は専門的で，市民が入る余地はないのでは。

　市民の中には，当該分野において豊富な知識や経験を持っている人もいる。「わからないだろう」と決めつけないほうがいい。

　③取り入れることの負荷

　これまでに業務で市民参加の方法を行ったことがなく，どのような場合に取り入れるべきかわからない。市民参加から厳しい意見が多く届き，なるべく実施したくないと感じたことがある。

　フランクに意見交換する機会をつくると，顔の見える関係ができて，その後の調整ハードルが下がっていく。面倒だと思っても，市民参加手続を実施したほうが，その後の市民団体との話し合いが上手くいくことも多い。

(3)　無作為抽出型市民参加

● プラーヌンクスツェレとは何か

　プラーヌンクスツェレ（無作為抽出型市民参加）は，住民票から無作為抽出で選ばれた市民が，政策課題について討議し解決策を提案する方式である。ドイツのペーター・C・ディーネル博士が1970年代に考案した方式であるが，日本でも広く採用され，そのやり方もドイツ方式に拘泥せずに応

用され始めている。

　プラーヌンクスツェレは，ドイツ語でPlanungszellen，英語でPlanning cellsであり，それを直訳して計画細胞とされる。これは複数の小グループに分かれて，ワークショップをするところが「細胞」のように見えるからである。集団で意見交換をし，熟議の結果として，意思決定する会議方式である[50]。

　この方式で興味深いのは，参加という主体性と抽選という受動性をミックスした点であるが，抽選に当たるというのは，参加を逡巡していた市民を後押しするきっかけとなる。

● ドイツにおけるプラーヌンクスツェレの基本的な特徴

　市民の関心が高い問題，行政機関が市民に意見を求めるべきだと思われる地域の重要課題が対象となる。大学や研究機関など公平で中立的な実施機関に委託して実施する。進め方としては，

・25人程度の単位で4日間討議を行う
・無作為抽出により選ばれた多様な市民が参加する
・参加報酬(有償)により討議に参加する
・賛成意見と反対意見の両方の専門家による情報提供を行う
・情報提供後，5人の小グループに分かれて討議とまとめ(投票)を行う
・出された結論は，市民鑑定として行政機関に提出する

　ドイツでは，ここで出された市民の意見を市民鑑定として集約し，行政機関に提出することになっている。行政機関は，市民鑑定の意見を実施しなければならないという法律的な拘束はないが，市民から提出された意見ということで，市民鑑定を尊重し，その意見を取り入れ，行政施策を実施している。

50　考案者のディーネル博士の息子であるベルリン工科大学のハンス・リウガー・ディーネル博士に，プラーヌンクスツェレの適訳を尋ねたところ，「Citizens' Jury」(市民陪審)がふさわしいとの意見だった。

● 新たな参加方式

　プラーヌンクスツェレは，ドイツでは政策決定方式としても使われていて，日本でも，そのように期待する向きもあるが，無理がある。間接民主制との関係もあるが，短期間での検討では，熟議の点で十分とはいえず，政策「決定」されたと言えるまでに議論が深まらないからである。

　むしろ，プラーヌンクスツェレで最も興味深いのは，参加と抽選を組み合わせた点である。これまで自治体は，市民の主体性を前提とする数多くの参加の仕組みを開発してきたが，思ったほどの成果があがっていない。

　要するに，市民参加の仕組みがあることと市民が実際に主体的に参加することとでは，大きな乖離がある。それを補うために，参加という主体性と抽選という受動性をミックスする制度設計が新鮮で，実際に参加した市民に聞いてみると，自分宛に参加の依頼が来て，それに後押しされるように出席するという。

　この制度は，市民を政策の当事者にするもので，支配と被支配の交代，つまり市民を支配の立場におく制度である。このように考えると，抽選に当たり参加するというのは，市民にとって権利であり，また責務でもある。

　行政側からみると，新たな市民の発掘方法にもなる。参加者をみると，これまで参加した経験はない人が大半になる。住民票から無作為で抽出する方式は，指名や公募による募集とは異なり，限られた特定の人ではなく，また，テーマに関して直接の当事者ではない人も数多く参加する。サイレントマジョリティの声を聞くことができる方法とされている。

● 茅ヶ崎市の試み

　茅ヶ崎市は，2009（平成21）年より，文教大学・茅ヶ崎青年会議所・茅ヶ崎市の三者で，実行委員会を組織して，無作為抽出による「市民討議会」を実施している。

　三者それぞれの特性や得意分野を生かした活動で，文教大学は，専門家としての助言と学生の市民討議会への参画，運営を担う。茅ヶ崎青年会議所は，連絡調整，討議進行のノウハウを提供する。茅ヶ崎市は各課より募集したテーマを決定し，参加者の抽出，及び運営の支援を行う。

　この事業に使う予算は，実行委員会に対する委託料59万円と比較的少額である。委託料の内訳は，会議のための人件費や情報提供者及び参加者に対する謝礼のほか，昼食を伴う開催による食料費や，各種通知発送のための通信運搬費，消耗品費，参加者の保険料等となっている。

　参加者は，20歳〜34歳，35歳〜49歳，50歳〜64歳，65歳以上の4カテゴリー別に200名ずつ無作為抽出した住民800名（平成26年度実施のみ，20歳〜34歳を400名抽出，合計1,000名）に対し招待状を送付し，参加を承諾した市民の内，36名を抽選で選出している。承諾率は3.5%〜10.2%と開きがある。謝礼なしで開催した2013（平成25）年度の第2回が最低値の3.5%であった。

● 若者の掘り起こし

　一般に，まちづくり等に参画するのは，高齢者の比率が高くなる。しかし，無作為抽出方式で行うと，一定数の若者が参画する。茅ヶ崎市の例でいえば，中高年の比率が若干高くなるものの，若者層の参加も多い。若者層の中にも，潜在的な参画希望者がいて，それを掘り起こす制度となっている。

図Ⅲ-5-2　これまでの討議会参加者の年代別比較（茅ヶ崎市）

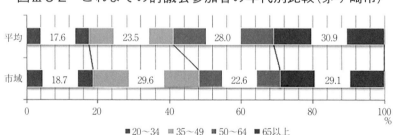

（出典）　『茅ヶ崎市市民討議会の検証』茅ヶ崎市市民討議会実行委員会

● プラーヌンクスツェレの応用

　住民票によって，住民を無作為に抽出する方式には，①普通の市民が集まり，交流する，②市民の平均値を把握する，③市民が考え，決定する，④新たな市民の掘り起こし，⑤市民の教育効果等の機能があることから，

さまざまな計画づくり，事業に応用できる。

　とくに政治的になりやすいテーマについては，普通の市民に参加してもらう方式として，有効である。

　千葉県流山市では，市民投票制度の検討委員の選出に住民票に基づく無作為抽出方式を採用した。住民基本台帳から無作為抽出した18歳以上の市民1,500名を対象に，市民投票条例に関する市民会議の市民委員の募集通知を発送した。募集の結果，103名の応募があり，抽選により男女22名からなる市民委員を選出している。

　＊　ドイツのプラーヌンクスについては，松下啓一ほか『熟議の市民参加―ドイツの新たな試みから学ぶこと』（萌書房）を参照。ドイツ現地調査を踏まえた報告である。

第6章　住民投票を越えて・熟議の市民参加へ

(1)　地方自治と住民投票

● 住民投票の種類

　憲法や地方自治法等にも住民投票に関する制度はある。

　憲法に基づくものとしては，一の地方公共団体のみに適用される特別法の制定に係る住民投票（憲法第95条），憲法改正の承認に係る国民投票（憲法第96条）がある。

　地方自治法に基づくものとしては，議会の解散請求（第76条3項），議員の解職請求（第80条3項），長の解職請求に関する投票（第81条2項）がある。市町村の合併の特例等に関する法律に基づく，合併協議会設置協議に関する住民投票（第4条14項，第5条21項）は，実施例が最も多い。近年は，住民投票条例も数多く制定されている。

● 法的効果による区分

　住民投票は，その対象や法的効果によって，レファレンダム（住民表決 referendum），イニシアティブ（住民発案 initiative），プレビサイト（住民意思表示 plebiscite）に分けることができる。

　レファレンダム（住民表決）は，首長や議会が決定した事項について，住民の投票によって効力を発生させる制度である。住民の承認を得ることが義務づけられている義務的レファレンダムと，住民投票にかけるかどうかを首長や議会の判断に委ねている任意的なレファレンダムがある。日本国憲法では，憲法改正の国民投票（96条）や地方自治特別法の制定についての住民投票（95条）は，義務的レファレンダムである。

　イニシアティブ(住民発案)は，住民の側に条例の発案を認める制度で，それが直ちに住民投票に付されるもの(直接イニシアティブ)と，議会の審議に付されるもの(間接イニシアティブ)とに大別される。

　スイスでは，カントン(州)レベルでは，さまざまな種類のレファレンダムやイニシアティブが認められている。ブント(連邦)レベルでは，憲法を対象としたイニシアティブが認められているが，日本では，憲法上にはイニシアティブ制度はない[50]。

　地方自治法には，間接イニシアティブ制度が設けられている。①条例の制定改廃請求(有権者の50分の1以上の者の連署)，②議会解散請求(有権者の3分の1以上の者の連署)，③議員・長・主要役員の解職請求(有権者の3分の1以上の連署)，また，市町村の合併の特例に関する法律に基づく住民投票(有権者の6分の1以上の署名)がある。

　プレビサイト(住民意思表示)は，自治体の意思形成に当たり，住民投票の手段を用いて住民意思の表示を求めるものである。法的には，投票によって示された住民の意思には諮問的な効力しか持たず，首長や議会の意思を拘束しないが，政治上の効果は拘束的である。地方自治体で実施されている住民投票は，このプレビサイトである。

● 個別型・常設型による区分

　個別設置型住民投票は，住民意思の確認の必要性が生じた場合に，首長や議員の提案又は直接請求により，案件ごとに議会の議決を経て条例を制定し，住民投票を実施するものである。地方自治法に基づいて行われるものである。個別案件ごとに投票の必要性を議会で審議することから，投票の対象事案に適した柔軟な制度設計が可能である反面，住民による直接請求が成立しても，条例案を議会で否決した場合は，住民投票が実施できな

50　スイス連邦憲法の全面改正，一部改正がイニシアティブの対象である。憲法の一部改正では，有権者10万人以上の署名により連邦憲法の部分改正を提案することができる。憲法の全部改正の場合は，まず「全部改正がなされるべきか」を提案し，次いで，その結果を受けて，議会が起草した草案について，国民とカントンの二重の承認を得るための投票に付されることになる。実際に，1999年4月には，スイス連邦憲法の全面改正案の国民投票が行われている。

いという問題が生じる。

　常設型住民投票は，住民投票の対象事案や投票資格者，住民投票の実施に必要な請求要件や手続等を定めた条例を，あらかじめ議会の議決を得て制定しておくことで，発議要件を満たせば，個別の事案ごとに条例を制定することなく住民投票ができる。

● 近年の傾向

　2010（平成22）年の総務省調査によれば，1982（昭和57）年7月以降に全国の市町村で467件の住民投票が実施された（地方自治法に基づく解散・解職の投票を除く）。うち9割超の445件は，合併に関する内容だった。

　住民投票が定着するにつれ，住民投票の争点は生活に身近な内容へ変わっていっていった。

　2015（平成27）年には，埼玉県所沢市で「小中学校へのエアコン設置の賛否」，2016（平成28）年には，愛知県高浜市で「公民館取り壊しの賛否」，2017（平成29）年には，茨城県神栖市で「防災アリーナの規模見直しの賛否」，2018（平成30）年には，兵庫県篠山市で「丹波篠山市」への市名変更の賛否が問われている。

　これまでならば，行政と議会で決定していた事項が，選挙とほぼ同額の経費をかけて，住民の意見を聞くということが行われるようになった。こうした住民投票は，概して投票率も低く，開票されないケースも目立つようになった。

(2)　住民投票の論点－参加の民主性・決定の硬直性

　住民投票は，市民が自治に主体的に参加する仕組みとして，市民の期待が高い制度であるが，反面，住民投票には，民主主義との関係をめぐって本質的な議論が必要であり，また制度化に当たって，検討すべき論点も多い。

● 民主主義との関係

　市民が直接参加するのが民主制の基本だとすると，住民ならば，だれでも参加できる住民投票はまさに民主的な制度といえる。しかし，民主主義の本質は価値の相対性で，さまざまな価値，意見の中から，より良いもの

を作り上げていくことだと考えると，住民に二者択一に判断を迫る住民投票は，民主主義とは一定の距離がある制度になる。

　自分の関心事だけでなく，まちのことや他者のことまで思いを及ぼし，課題を乗り越える対案を出しあうのが，民主主義の本質だとすると，住民投票では，結果として少数者を数の力でねじ伏せることになるという欠陥を内在している。住民投票は，それぞれの主張の利点を合わせ，止揚して，よりよいものを創りあげる仕組みとしては，十分とはいえない制度である。

　住民投票の無責任性も気になるところである。この制度は決定したことに責任を取る人がいないシステムとなる。少数者の立場からは，判断の間違いを訴えようと考えても，多数者の市民は訴えの当事者にはならない。住民訴訟で行政を訴えても，「住民の意思に従った」ことが，正当性の根拠とされてしまう。多数者によって権利を侵害されたと考える人たちは，訴えの持って行き所がないことになる。

　住民投票の対象事項は，市民の暮らしぶりに関することであるから，個々の市民が判断できないほど難しいものはない。十分な時間的余裕があれば，だれでも適正な判断を下すことができる。しかし，多くの市民は，仕事の都合，家庭の事情等で忙しく，じっくりと考える時間的余裕がない。そのため，ついつい目立つ論点だけ，しかも感覚的な判断で，答え（○×）を出してしまうことになれば，好ましいことではない。

● 制度設計上の課題

　住民投票の制度設計をめぐっては，たくさんの論点がある。住民投票の対象となる案件，有権者の範囲（年齢，居住地，国籍など），請求に必要な連署数と手続き，投票の成立要件（投票率によっては開票しないなど）など枚挙のいとまがない。

　決定の民主性を担保するためには，次の点は重要なポイントである。

　①情報提供の仕組み・運用…熟考の上で投票に臨めるように，公平，適切，十分な情報を提供することが前提である。情報は誰が提供するのか（行政か市民か第三者か），適切な情報提供とは何か（情報の分かりやすさ，情報量等）など，いずれをとっても仕組みづくりは容易ではない。

　②市民の案件学習…市民が十分時間をかけて学習し，判断することが必

要である。施設の建設では，お金がかかる，安い方がいいという判断では，一面的に過ぎる。合併の際に，「吸収されるような感じで面白くない」，「新市の名前が気に入らない」といった理由で投票したという声も聞く。十分な案件学習がなければ衆愚政治に陥ってしまう。

　③住民間対立を防ぐ…二者択一という選択方法が，住民間の対立を招く。あちこちで，「もう二度と住民投票はやりたくない」という声を聞く。「対立のエネルギーを以後のまちづくりに振り向けるべき」とされるが，どのように振り向けるかを具体的に示す必要がある。

(3)　励ましの住民投票の提案

　以上のように，住民投票には，民主主義との関連で問題点も多い。その制度設計や運用も容易ではない。きちんと前提条件を整備し，運用にも最新の注意を払わないと，住民投票の弊害ばかりが目立ち，衆愚の制度に堕してしまうだろう。

　そこで，最も大事なことは，投票にいたる前段で，市民の主体性・自立性・責任・信頼関係を維持しながら，市民が自ら考え，判断できるようにするために，市民が熟議する機会を提供できるかどうかが，この制度運用のポイントになる。スイスでもこの点は，きわめて重要視されていて，投票法案の解説書を連邦内閣が作成し，配布することになっている。解説は簡潔で客観的であり，重要な少数意見にも考慮することが決められている。市民自身も，参加と学習のためには一定の時間と相当のコストをかける覚悟も求められる。

　新城市の自治基本条例では，「住民投票を実施するに当たっては，その政策課題について，市民・議会・行政による情報の共有及び意見交換を通じての問題意識の共有が必要であることから，住民投票の実施が決定した後，すみやかに市民まちづくり集会を開催しなければならないものとします」（新城市自治基本条例解説）として，住民投票の前には，市民が集まって議論する機会（市民まちづくり集会）をつくることとされている（新城市の市民まちづくり集会（自治基本条例第15条））

(4)　熟議の市民参加の仕組み

　地方自治の本道は，住民投票ではなく，多くの市民の意見を聞き，意見交換し，その中から最もメリットが多く，デメリットの少ない決定をしていくことである。熟議の民主主義であるが，そのための仕組みが試行されている。

● パブリックインボルブメント

　パブリックインボルブメントとは，行政が計画の策定に際し，広く意見・意思を調査する時間を確保し，かつ，策定の過程を知る機会を設ける方法・しくみである。

　同じ市民参加の制度であるパブリックコメントとの違いは，市民の意見や意思に対して，計画策定の当初から関係情報を提供し，それに対する市民の意見・意思をフィードバックし，あるいは意見交換と合意形成をしながら，計画策定を行う点にある。

　流山市の自治基本条例づくりでは，公募で集まった市民検討委員が市民のところに出向き，市民の思いを聞いて，それを条例に反映しようとした。

図Ⅲ-6-1　パブリックインボルブメントの様子(流山市)

（資料）　今井邦人氏提供

自治会の集まりがあれば出かけていき，小さな集会があれば出かけていった。その数は延べ124回，3,400人から7,000件の意見を集約した。

　小田原市の自治基本条例づくりでは，オープンスクエアという方式を編み出して，延べで1200人以上の市民から意見を聞いた。これは検討委員と市民との対話の場を積極的に設定したものである。

● 市民ファシリテーター

　参加した市民が楽しく主体的に話し合うための技術が，ファシリテーションである。ファシリテーターは，いわば熟議の引き出し役で，参加しやすい環境や雰囲気をつくり，参加者の興味や意欲を引き出しながら，会議の場を展開していくのが役割である。

　このファシリテートを専門家に依頼するのではなく，市民自身に担ってもらう試みが，静岡県牧之原市の市民ファシリテーターである。牧之原市では，一般市民を対象にした市民ファシリテーター養成講座を開催し，研修を受けた市民ファシリテーターは，すぐに実践の現場であるサロンに出てスキルを高めるというやりかたをとっている。市民の出番をつくることが重要である。

　市民ファシリテーター制度の根拠は，牧之原市の自治基本条例で，その第14条には，「自由な立場でまちづくりについて意見交換できる対話の場の設置」と「協働のまちづくりを進めるための人材の育成」が規定されている。条例に根拠があるということで，行政も市民も自信を持って取り組むことができる。

● 行政・議会・市民が一堂に会し話し合う場(市民まちづくり集会)

　市民まちづくり集会は，市民，市長，議員が一堂に会して，地域の課題やまちの未来について，情報を共有し，話し合う場である。新城市や焼津市の自治基本条例に規定され，毎年，実施されている(焼津市は，まちづくり市民集会という名称)。

　新城市市民まちづくり集会は以下の要件により開催される。①市長が開催する。②議会が開催する。③市長及び議会が共同開催する。④有権者50分の1以上の請求により，市長が開催する。なお，市長は特別な事情がな

い限り，年に1回以上，市民まちづくり集会を開催しなければならない（新城市自治基本条例第15条）。

　市民まちづくり集会は，決定することが目的ではない。決定権は，市長や議会にあるからである。市民まちづくり集会は，代表民主制の仕組みを補完し，市民を自治の当事者にする仕組みのひとつであるが，市民，議員，市職員等が，対等の関係で話し合い，まちの課題を共有するところから，始める仕組みである。

図Ⅲ-6-3　焼津市・まちづくり市民集会の様子

（資料）　筆者作成

第7章　納税者が納税を実感できる政策・使途投票制度

(1)　困った人を助けるのが役所

● 国が面倒を見てくれるシステム

　医療や教育のような基本的な行政サービスは，これを利用する個人から見ると地域的な違いがほとんどないが，現実にはそれをまかなう財政力は地域間で格差がある。財政力指数が，2.6（愛知県飛島村）という村がある一方，0.05（鹿児島県三島村）という村もある。

　この不均衡を是正する主たる仕組みが，国による財政調整システムで，すべての自治体が，標準的な行政サービスを提供できるように，国がイニシアティブをとって，全国的な立場で，地方全体を平準化する仕組みである。自治体ごとに財政力に違いがあり，自治体の努力によっては，カバーできないものであることから，有用なシステムといえるが，他方，財政調整を受ける自治体（住民）にとっては，努力して税収を増やしても，その分，地方交付税が減らされることになるので，自治体（住民）の自助努力に水を差し，役所任せ，国任せの風潮を生みやすいシステムという一面もある[50]。

● 予算の主たる使い道は福祉

　地方自治は，相互の協力と助けあいの仕組みなので，税金の使い方も，困った人を助ける仕組みとして組み立てられている。

　表Ⅲ-7-1は，京都市の市税の使い道に関するものであるが，高齢者や障

---

[50]　財政調整制度は，都市と地方の対立を内包している。都市住民にとってみれば，都市で集めた税金を地方で使うことへの不満が内在している。自主財源を増やし，地方交付税や補助金を減らす三位一体の改革は，都市住民の不満に応えるという側面がある。

表Ⅲ-7-1　予算の使途：一万円使途内訳

高齢者，障害者の福祉や生活保護など	産業振興，道路・公園・地下鉄・下水道の整備など	学校・文化会館・図書館等の建設運営など	保健衛生事業・ごみ・し尿処理など	消防救急活動など	公債の償還など	住民票等の窓口業務・庁舎管理など
(3,181円)	(974円)	(1,985円)	(673円)	(456円)	(783円)	(948円)
市税　10,000円						

（資料）　京都市ホームページ・市税のしおり

がい者の福祉，生活保護に使う分が，３割を占めている。自治体によっては，福祉関連予算の比率が，５割を越えているところも多い。

● 納税の意味を実感できない

　このように，市民の知らない間に税金が徴収され，その使い道を自治体や国がいろいろと考えてくれる方式が，どうしても自治への無関心や役所へのお任せを生んでしまう。

　「足立区の職員は，福祉関係で働いている職員が４割，予算については国庫とか納税関係を入れると６割ぐらいが低所得者あるいは非課税のほうに向いているわけで，チャネル，コミュニケーションのパイプも要望のパイプも非常にたくさんあります。むしろ，お子さんが中学終わって高校に入った途端に区役所からの税の還元がほとんどない」（足立区政策経営部長発言　足立区基本構想審議会：第２回しくみづくり分科会の会議録）という状況が，多数の市民をしらけさせ，それが自治を停滞させている。サイレントマジョリティの静かな反乱が，反知性主義やポピュリズムの風潮とつながっている。

　そこで，もう一度原点に戻って，市民一人ひとりが，自分の税を知り，それがどのように使われていくのかを知り，実際に自分で税の使い道を実感できる方法を用意できれば，まちづくりがずっと身近になる。こうすることで，市民を自治の観客から自治の当事者として舞台に引き上げることができる。

(2)　納税を実感できる試み

• 情報共有の試み（ニセコ町・我孫子市）

　まず進めるべきは財務情報の公開と共有である。

　多くの自治体で，予算，決算の状況を市民に分かりやすく公開・提供するため，言葉・表現方法を工夫し，インターネットを使って，自由に検索できるようにするなどの試みが行われている。その際には，行政側に不都合と思われる情報であっても，広く公開することも肝要である。

　予算，財政状況に関して，市民との共有に先駆的に取り組んだのが北海道ニセコ町である。1995（平成7）年から，予算説明書『もっと知りたいことしの仕事』をつくり，全戸配布している。

　通常の予算書というと，事業名と金額が記載されるだけで，実際にどのような事業が行われるのか，その内容がわかりにくいものとなっている。そこで，「少しでも具体的な事業の内容を町民のみなさんにお知らせすることを目的」とし，また，「町にとって都合の良いことだけでなく，悪い部分も隠さずお知らせしています」とも書かれている。

　我孫子市では，一般会計予算額を10万分の1に縮小し，家庭の1か月の家計簿にたとえて，予算の概要を示している。平成30年度では，総額38万2200円になる。その内訳は次のとおりである（図Ⅲ-7-1）。

　収入のうち，自分で稼ぐ自主財源（市税）が44.8％で，親戚などからの仕送り（地方交付税や県支出金）が28.5％という暮らしであることがよくわかる。

　支出のうち，高齢者や障がい者，児童などの社会福祉の医療・保育費が45.1％を占めている。病気予防のための各種検診，環境対策，ごみ処理などの衛生費（9.0％）も含めると，優に5割を超えている。小・中学校の運営や社会教育事業，図書館などの経費の教育費も10.4％ある。いずれも，急に切り詰めることが難しく，やりくりの難しさが分かる内容になっている。

• 予算編成過程の公開と市民参加（我孫子市）

　予算編成過程は内部管理的で技術的な要素が強いため，市民参加が難しい分野だと考えられてきた。しかし，近年では，予算編成システムに市民が関与する試みが行われている。予算は，獲得が目的ではなく，これを活

図Ⅲ-7-1　予算を分かりやすく伝える試み（我孫子市）

【収入】（総額38万2200円）

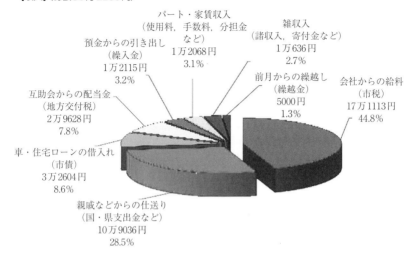

パート・家賃収入
（使用料，手数料，分担金
など）
1万2068円
3.1%

雑収入
（諸収入，寄付金など）
1万636円
2.7%

預金からの引き出し
（繰入金）
1万2115円
3.2%

前月からの繰越し
（繰越金）
5000円
1.3%

会社からの給料
（市税）
17万1113円
44.8%

互助会からの配当金
（地方交付税）
2万9628円
7.8%

車・住宅ローンの借入れ
（市債）
3万2604円
8.6%

親戚などからの仕送り
（国・県支出金など）
10万9036円
28.5%

【支出】（目的別）（総額38万2200円）

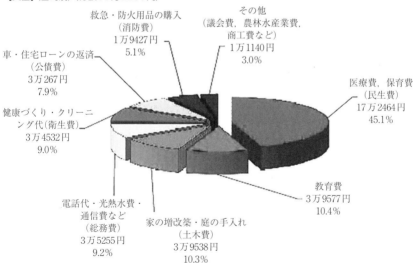

救急・防火用品の購入
（消防費）
1万9427円
5.1%

その他
（議会費，農林水産業費，
商工費など）
1万1140円
3.0%

車・住宅ローンの返済
（公債費）
3万267円
7.9%

医療費，保育費
（民生費）
17万2464円
45.1%

健康づくり・クリーニ
ング代（衛生費）
3万4532円
9.0%

電話代・光熱水費・
通信費など
（総務費）
3万5255円
9.2%

家の増改築・庭の手入れ
（土木費）
3万9538円
10.3%

教育費
3万9577円
10.4%

（出典）　我孫子市ホームページ・我孫子市の家計等

用して，市民が幸せに暮らせる社会をつくることが目的なので，予算編成
を行政内部のみに委ねるシステムでは，本来は十分とは言えない。

170

表Ⅲ-7-2　平成30年度予算の編成プロセス（我孫子市）

第1回	12月12日	各部署から要求されたすべての新規事業の一覧表（事業の概要や予算要求額など。各事業の優先度を4段階に分類）

↓

第2回	12月28日	事業の優先度を精査した一覧表（事業の優先度や予算要求額をさらに絞り込む）

↓

第3回	1月16日	事業採択案の一覧表

↓

第4回	2月1日	事業採択の一覧表（最終結果）および意見募集の結果

第5回	2月下旬	事業採択した事業の事務事業評価表

（出典）　我孫子市ホームページ・当初予算編成過程

　予算編成過程を広く市民に公開するものとして，最も優れているのは，我孫子市の取り組みで，予算案（査定結果）の公開にとどまらず，予算要求段階から公開し，新規事業項目ごと要求内容や評価，予算要求が，どのように査定されたか（額，理由）が時系列で分かるようになっている。要求から決定まで5回，市民が意見を言う機会（パブリックコメント）も保障され，それに対する市の見解も示される。

● 市民の選択による予算配分システム（志木市方式）
　市民が納付した税金の使途について選択できれば，税やその使い道に関心を持つことができ，納税した意義を実感できるのではないか。
　志木市では，個人市民税の1％を上限とする財源とする基金をつくり，住民のアンケートによって，各事業に配分する制度を検討したことがある（志木市未来を切り拓く新たな住民自治基金条例）。ただ，この条例は議会で否決され未制定となった（2004年3月）。
　指定の方法は，基本構想に基づく6つの基本目標に掲げる36の基本的施策（自然の保全や教育，福祉と健康，子育て，コミュニティの創造，歴史と文化など）の中から選択するもので，アンケートの回収率によって特定財源額（基金）を確定させるものである。

　アンケートは，外国籍市民を含む18歳以上の市民1000人を無作為で抽出して実施する。志木市の個人市民税は約40億円であったので，その1％分に相当する4000万円が上限となるが，例えば，回答者が30％であれば，4000万円（市民税の年間総額の1％）×0.3で1200万円となり，それをアンケートでの支持率に応じて各事業に配分するという組み立てであった。

　アンケートは，5月から7月に行い，回収率で積立金額を出し，9月補正で積立金を確定（住民自治基金積立金）する。9月以降予算編成作業のなかで，基金を充当する政策や事業を確認，選考し，翌年度の当初予算に特定財源として充当するというものであった。

　この条例案に対して，市議会側からは，「あえて基金化する必要性はあるのか」，「アンケートの対象が無作為抽出の1000人というのは少ないのでは」などの疑問が出され，条例制定を「時期尚早」とする意見が相次ぎ，否決となった。

● 市民の選択による予算配分システム（小田原市方式）

　小田原市のシステムも，予算編成にあたって，市民税の1％相当額（約1億円）を市民アンケートで選んだ市の事業から3分野に重点配分するというものである。

　2005年度予算において採用された方式は次の通りである。

　①2003年度に市民3000人を対象にして行った市民満足度・重要度調査の結果，「重要度が高いにもかかわらず満足度が低い」とされた7分野（道路の整備，子育て支援策の充実，学校教育の充実，介護保険サービスの充実，高齢者福祉の充実，商工業の振興，魅力ある都市・まちなみづくりの推進）について，再度，同じ市民を対象にアンケート用紙を郵送して，税金を使ってほしいと思う分野を3つ選ぶというものである。

　②その回答の多い順に3分野を選び，回答数にしたがって市民税の1％相当額（約1億円）を重点配分として加算する。

　③投票の結果では，介護保険など高齢者福祉，子育て，学校教育が選ばれている。もっとも希望が多かった高齢者福祉関連には約1億円の半分近くの4900万円を充てて，福祉サービスや介護予防などの情報提供や筋力トレーニング機器等を整備する。子育て支援（3000万円）では，小児医療費助

成事業をさらに充実させて5歳児までに対象を拡大する。学校教育(2700万円)では，保健室に空調設備がない市立小中学校に対し冷暖房機を設置するものとされた。

この事業の課題としては，次の点があげられた。

①これまでも「市民満足度・重要度調査」を踏まえた予算配分をしてきている中で，重ねて別枠でこの予算を取るのは屋上屋を架すことになるのではないか。

②市民意見が直接反映されることで，その部分については議会の審議権を制約してしまうかのではないか。

これに対して，小田原市では議会の審議権にも配慮しつつ，市民の選択を生かすために，予算の提出方法も，それぞれの事業が分かるように予算書の中に分野別に計上するといったきめ細かな方法を試みている。

(3) 使途投票条例(1パーセント制度)

● 1パーセント制度の意義

1パーセント制度とは，市民が支払った税金の1パーセントを自分が指定する地域団体やNPOが行う事業に使うように指示・指定できる条例である。その意味で，使途指定条例ともいうことができるし，また選択を投票

図Ⅲ-7-2　1％制度の概要

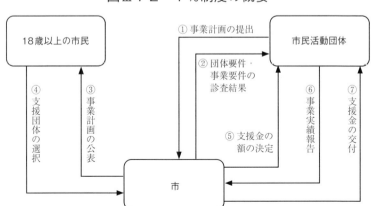

(出典) 一宮市ホームページ・一宮市民が選ぶ市民活動支援制度

と考えれば市民投票条例の一種ともいうことができる。

　１パーセント制度の意義・ねらいは，地域団体やNPOの支援，市民参加の具体的試みなど多義的であるが，税に対する関心を高め，税の使われ方に関心を持つきっかけにもなる。

　大半を占めるサラリーマンは，給料から天引きされる源泉徴収であるから，税に対する関心が低くなりがちで，それが税の使われ方に対する関心を低くしている。ところが，納税者が自分の税金の使い道を指定できるようになれば，自分の納税額について関心を持ち，税の使い道全体に関心を持つようになる。自分の税が公益活動や行政施策に有用に使われていることを知れば，税金を払っている意味も実感できる。ひいては納税意欲の高揚につながっていく。

● ハンガリー・パーセント法

　パーセント法は，ハンガリーで1996年に成立した特定部分の個人所得税の使途に関する法律の通称である。この法律に基づき，納税者は所得税のうちの１％を自らが選択したNPO等に提供できる制度としてスタートした。

　ハンガリーは，かつては社会主義国家であったので，教会や非営利組織への資金支援は，国家が行っていたが，旧社会主義国家のタガが外れることになり，納税者に負担のない形で資金を振り分けるパーセント法が考案された。

　この制度の運用の概略は，次の通りである。

　①納税者が確定申告のときに，確定申告書と使途指定申告書を同一の封筒に入れ，税務機関に提出する。

　②税務機関が申告書を審査する。税金の滞納がないか，使途指定先のID番号が適当であるか，等をチェックする。

　③申告が有効なときは集計結果を受益団体へ通知し，申告が無効であるときは納税者にその事実を連絡する。

　④通知を受けた受益団体は，定款，前年度報告書等を提出し，使途指定金を受け取る意思があることを表明する。

　⑤税務機関が受益団体の受取資格を審査・確認する。

　⑥受益団体へ送金手続きを行う。

仕組みは，シンプルでわかりやすいものとなっている。

● 市川市の１％条例

　日本で，１パーセント制度を最初に導入したのは市川市である（市川市納税者が選択する市民活動団体への支援に関する条例）。市川市の方式は，個人市民税を完納している市民が，特定のNPOの事業を指定して，個人市民税の１％相当分を支援するものである。ハンガリーのパーセント法に準拠した制度となっている。

　市川市の制度は，その後いくつかの変遷を重ねたが，当初は，指定の対象は，支援を希望する特定の団体で，その団体がエントリーした福祉，環境，文化・スポーツ，青少年育成などの公益的な事業に対して，その必要な経費の２分の１までを支援の対象とする。NPOそのものではなく，NPOの事業に対して使途指定する内容であった。

　制度提案当初の支援の仕組みは，次のようになっていた。

　①支援金の交付希望団体は事業計画を市に提出

　②要件を満たしていると判断された団体の事業を広報特集号・市のホームページで公表

　③個人市民税納税者は，自分が支援したい団体を一つ選択するか，特定団体を希望せず基金に積み立てることを選択するかを記載して郵送（選択の受付は窓口でも可）

　④市は，納税者の選択結果を集計し，市民税額の１％に相当する額の合計額，団体に対する支援金交付予定額等を公表し，審査会に諮ったうえで支援金の交付決定

　⑤補助金額は，納税者の前年度の個人市民税額の１％相当額（支援対象事業経費の２分の１を限度）

　⑥手続きは，広報特集号に印刷された返信用封書を郵送。窓口，電話，インターネットでも可

　⑦審査機関は，市民で構成する市民活動団体支援制度審査会

　となっている。2006（平成18）年度の実績は，96団体11,948,480円であった。

　市川市パーセント条例には，いくつかの課題もある。

　①当初は，指定できるのが個人市民税納税者に限られていたが，この点が許容できない程度の不平等・不公平であるという意見が強かった。そこで市川市では範囲を広げる制度改正を行った（地域ポイントを有する者も投票できる）。

　②コストの問題もある。特に一人ずつの指定手続きに莫大な経費がかかる（市川市では人件費・事務経費で3000万円かかっている）。そんな膨大な費用を使うのならば，その分をNPO支援に回したほうが効果的であるという批判も出てくる。

　③市民は適切に選択できるかという問題である。平成18年度では市川市では対象は98団体にも及んだが，判断資料は，広報いちかわ特集号（1団体当たり縦8cm，横11.5cmの枠），ケーブルテレビ（30秒），公開プレゼンテーション（市内4箇所），パンフレット等である。工夫をこらしているが，これで適切に判断できているのだろうかという問題である。

　④制度の悪用の防止策である。市民が市民（活動）を支えるという原理に忠実であるがゆえに，悪用の危険もある。一種の税金逃れの方法として，この制度が悪用されるおそれである。この点の信頼が揺るげば，この制度は根幹からくつがえるが，その点の担保は十分なのか，おかしな運用がなされていないかという問題である。

● 制度運用の難しさを越えて

　市川市が1パーセント条例の制定後，いくつかの自治体が類似の制度をつくったが，結局，中止に追い込まれた自治体も多い（市川市1パーセント制度は，平成27年度で廃止された）。ネックとなったのは前述した課題の多さ＝制度運用の難しさである。

　この制度を原理的に考えると，納税者にこだわることになる。そうすると，投票権者の確定（滞納していないかなど），個人市民税の1％相当分の計算といった事務的・技術的に煩瑣な課題が山積する。それが運用コストに跳ね返るのである。

　同時に，市民がこの制度をうまく使いこなしているのかという問題である。投票制度なので，市民が公共性を考えて投票しているか（投票できるか）が問われる問題である（市川市では，子どもの野球チームの支援が最も

多かった)。その意味では，市民の力量が問われる制度である。

　海外の事例では，１パーセントが，難病支援に取り組むNPOの活動原資となっているという事例もある。こうした活用を推進するには，投票対象になるエントリーを厳選して，投票にかけるという制度もあるだろう(志木市方式や小田原市方式との併用)。事務処理の煩雑さは，今日では，ICTが進化していることから，経費をかけず，効率的な方法も考えられる。クラウドファンディングなどの新しい手法もヒントになるだろう。新たな視点と技術を使えば，納税者が納税を実感できる新たな制度づくりも可能であろう。ぜひ知恵を絞ってほしい。

　　＊　１パーセント制度の詳細及びハンガリー等における運用実態については，松下啓一・茶野順子著『新しい公共を拓く１パーセント条例−元気なまちづくりのための政策条例の提案』(慈学社)を参照。

第8章　未来を担う若者が自治の当事者に・若者政策

(1)　若者政策の意義

● 若者政策とは何か

　若者政策には，広義，狭義の2つの種類がある。

　・広義の若者政策……若者が大人になっていく過程には，①学生時代に社会生活，職業生活の基礎固めをし(自己形成的自立)，②学校を卒業して仕事につき，親から独立した生活基盤を築き(経済的自立)，③社会のメンバーとして責任を果たし，社会に参画する(社会的自立)というプロセスがある。これを移行期というが，今日では，若者を取り巻く社会経済状況の悪化，難化のなかで，この移行がスムーズにいかなくなった。

　そこで，この若者の自立を妨げる諸課題に正面から立ち向かい，きちんとした政策的対応に取り組むのが，広義の若者政策である。政策領域は，家庭・家族，教育，地域，雇用，福祉，地方自治など広範囲に及ぶ。

　・狭義の若者政策……若者の自立のうち，社会的自立に着目して，すべての若者が，自治体の政策形成やまちづくりに積極的に参画し，闊達に意見を述べ，活き活きと活動することを後押しする政策が狭義の若者政策である。若者参画政策である。

　ここでは狭義の若者政策(＝若者参画政策)を論じている。

● これまでの若者政策は，特に困難を抱えている若者が対象

　これまで自治体が政策対象としていた若者は，「保護の対象である若者」である。主に中学生までの子どもと非行や障がいを持つ若者など，保護が必要な若者，特に困難を抱える若者が対象であった。

高校生以上になると一般の大人と同じ扱いになり，特に困難を抱えていない若者については，せいぜい健全育成や文化，スポーツの分野が関係するだけだった。若者の政策形成やまちづくり参加といった若者参画を真正面からとらえた政策はほとんどなかった。

● 総合計画には若者という言葉もなかった

その証左が，総合計画における若者の取扱である。これまで総合計画には「若者」という言葉そのものが，ほとんどなかった(総合戦略で，はじめて若者が注目される)。

2013(平成25)年度に神奈川県内の総合計画の調査(「神奈川県政策形成実践研究報告書」(公財)神奈川県市町村研修センター)を行った。その結果

・神奈川県内自治体のうち，若者が自治体の政策決定過程に参加することを総合計画に記載している自治体は1自治体のみ。

・総合計画を制定する際の審議会委員に若者が全くいない自治体は，27自治体中18自治体，審議会委員の平均年齢は，一番低い自治体で50歳，一番高い自治体は70.8歳であった。

● 自治体の役割の変化

近年，若者参画政策に関心が及んできたのは，自治体の役割の変化とも関連している。

従前は，困った人を助けるのが自治体の仕事だった(予算は，福祉関連事業に最も多く使われている)。今日でもこの役割は重要であるが，同時に，働き盛り，元気のある人も含め，市民を励ますことも自治体の役割となった。励ましの地方自治である。

そもそも同じ社会の構成員である若者(20歳代，30歳代で全体の22％いる)が，自治体の政策形成やまちづくりに参加しないのは不自然である。また超高齢化時代を迎え，負担と責任を負うことになる若者が社会(政策決定を含む)に参加する仕組みや機会がないのは不合理ともいえる。

社会の持続可能性を考え，若者の居場所と出番をつくる，励ましの政策が若者参画政策である。

(2)　先進的・体系的に取り組む愛知県新城市

　若者参画政策に先駆的に取り組んでいるのが，新城市である。2014（平成26）年から取り組みを開始している。第11回マニフェスト大賞「最優秀シチズンシップ推進賞」（2016年）を受賞するなど，高く評価され注目を集めてきた。

● 新城市の若者参画政策──重層的な仕組み

　新城市の若者参画政策では，「これまで存分に力を発揮してこなかったもののひとつが，若者である」という点に注目し，若者の居場所と出番をつくることを狙いとしている。以下のような重層的な政策体系になっている点が特徴である。

　①新城市若者条例

　新城市では，若者が活躍できるまちを実現するために基本条例を制定している。この条例を根拠として「若者総合政策（方針編・プラン編）」を作成する（2014（平成26）年12月制定）。

　②新城市若者議会条例

　若者参画事業を企画・提案する若者議会の設置を条例で担保している（2014（平成26）年12月制定）。

　③市民自治会議

　自治基本条例の推進組織で，若者議会に対して助言・チェックを行っている。

　④若者政策係

　専担組織として，若者政策係を設置している（2014（平成26）年4月）。

　⑤メンター制度

　市職員と若者議会経験者がメンターとなって，若者議会を支援する。

● 若者議会は模擬議会ではない

　「若者議会」というと，議場で議会を模して行う形式的なものと誤解されるが，そうではない。むしろ「若者会議」をイメージすると理解が早いだろう。「会議」という名称がふさわしいかもしれないが，あえて「議会」と

表Ⅲ-8-1　若者議会の概要

若者議会	法的性質	市長の附属機関
	定数	20名
委員	年齢要件	おおむね16歳から29歳までかつ市内に在住，在学または在勤する者
	任期	１年(ただし，再任は妨げない)
	報酬	3,000円／回
	委員の地位	非常勤特別職公務員

(出典)　『自治体若者政策・愛知県新城市の挑戦』(萌書房)

付けたのは，「会議」だと議論ばかりのイメージになってしまう。議論だけにとどまらずに，政策を決定する組織という意味を込めて「若者議会」とした。

　若者議会は，若者議会条例で設置が担保され，市内に在住，在勤又は在学するおおむね16歳から29歳までの20人で構成されている。

● 予算の付与ではなく，予算提案権を付与する

　若者議会には，1000万円の予算提案権が付与されている。注意すべきは，予算の付与ではなく，予算提案権が付与されていることである。若者議会は，若者の視点から重要だと考えた政策を提案できる。

　あくまでも予算提案であることから，提案の過程で，必要性，公益性，公平性，公正性，効率性，市民性，支援性，優先性などの幅広い観点から，行政や議会による厳しいチェックを受ける。

　このチェックの過程で，参加者は，単なる思いつきを政策としていくこ

表Ⅲ-8-2　若者議会の提案事業 (数字の単位：千円)

第１期若者議会(9,977)	第２期若者議会(9,552)
ふるさと情報館リノベーション事業(4,169)	図書館リノベーション事業(4,949)
情報共有スペース設立事業(2,880)	ハッピーコミュニティ応援事業(1,320)
新城市若者議会特化型PR事業(1,500)	新城市若者議会PR事業(1,293)
いきいき健康づくり事業(753)	しんしろ魅力創出事業(1,366)
お喋りチケット事業(426)	いきいき健康づくり事業(41)
若者防災意識向上事業(249)	お喋りチケット事業(426)
	若者防災意識向上事業(157)

(出典)　『自治体若者政策・愛知県新城市の挑戦』(萌書房)

との困難性や，政策が決定していく仕組みを体験的に学ぶことになる。またとない主権者教育の場ともなっている。

(3)　若者参画条例

● 若者参画条例の制定

若者の地域参画政策は，規則，告示，要綱・通達といった形式でも可能であるが，条例という政策形式が好ましい。

条例は，市民代表の議会・議員が議決することで高い正統性が維持できる。条例ならば，首長の交代やその時々の状況によって，左右されることが少ないからである(安定性・継続性)。

また条例ならば，市民を含めた全体でその意義を共有できるし，関係者が協力，連携して若者参画政策を進めることが容易になる。

● 若者参画条例の設計思想

若者参画条例は，次の設計思想でつくられる。

①若者は社会の貴重な資源

若者については，2つの見方ができる。一つは，若者は，脆弱で，危険にさらされており，保護が必要という見方である。これに対するのが，若者は社会の貴重な資源であるという見方である。両面があるが，若者は多様性を持ち，既存の発想にとらわれない，新たな価値を体現できるという強みを持っている。この強みが，存分に発揮できるようにするのが，この条例の意義である。

②若者の自立を促進する

かつては，どんな社会集団や地域共同体でも，若者の社会的自立のための訓練機関・期間があった。それが，この30〜40年間で急速に消失していった。人口減少，超高齢社会がますます進むなか，社会の将来は，若者たちの肩にのしかかってくるが，この自分たちの未来に，その未来を支える若者の声が直接に反映する制度や仕組みがないことは，そもそも不合理であるし，社会自体が持続できないのは明確である。こうした若者の社会的自立のためのシステムを整備していない社会は，いずれ自身の活力を失い，衰退の運命をかこつことになる。

③若者の権利と責任

　若者は資源であるという視点に立てば，若者は，自分自身の生活や自分の住む地域の環境，社会全般の発展に関与し，その発展に参画できる権利を持っていることになる。同時に，若者は，自分の行動に対して責任があり，かつ，責任をとれるだけの能力があるとみなされる。

④地方自治の役割を再確認し，民主主義の再構築をめざす

　従来の若者問題は，若者自身の自立心の欠如やコミュニケーション能力の不足など，若者個人の責任に帰すべきものとされてきた。しかし，若者の自立を妨げる社会・経済的事情，社会のさまざまなところにあった大人への自立装置が衰萎して来たという背景がある。

　若者の自立を妨げる障壁を崩し，若者が存分に活躍できる場所と機会をつくるのが，地方自治の役割である。若者参画条例は，こうした地方自治の役割を再確認する条例でもある。それによって，民主主義の再構築を目指す条例でもある。

● モデル条例案

　若者参画条例は，取り組み事例が少なく，その体系化をイメージするのが難しい。そこで，検討の一助とするために，次のような若者参画条例のモデル条例を提案している。

若者参画条例（モデル条例）

前文　若者が存分に活躍するまちの形成を促進し，持続可能で，未来に希望が持てるまちを創っていく。
目的　若者が社会的に自立し，存分に活躍するまちの形成を促進し，もって健全で活力に満ちた地域社会の実現を図るとともに，市民の知恵と力を生かした豊かな自治をつくっていく。
定義　若者　おおむね16歳からおおむね29歳までの者をいう。
基本理念　若者は，地域社会を構成する重要な主体。若者は，自分の暮らす地域や社会全般の発展に関与し，その発展に参画できる権利を持つと同時に，その持てる能力や行動力を地域や社会のために存分に発揮することが期待される。
関係者とその役割　若者，市民，市，地域活動団体，NPO，事業者の役割。

推進計画と主な政策　憲章，広報・啓発，学習・人材育成，情報の発信・共有，自治体政策への参画，財政支援，活動拠点の整備，表彰・顕彰，若者組織の設立，自主的な活動の機会，推進会議

評価　若者参画政策の取り組みの有効性，効率性などについて評価を実施する。

見直し　４年を超えない期間ごとに検討し，実効性の確保のための見直しを行う。

委任　条例の施行に関し必要な事項は，市長が別に定める。

＊　若者政策については，松下啓一『自治体若者政策・愛知県新城市の挑戦―どのように若者を集め，その力を引き出したのか』（萌書房），『若者参画条例の提案―若者が活き活きと活動するまちをつくるために』（萌書房）参照。

第9章 定住外国人のまちづくり参加・活躍政策

(1) 定住外国人を巡る議論

定住外国人の参加には，政治参加，行政参加(公務就任，政策参加)，まちづくり参加がある。

● 定住外国人の政治参加

定住外国人の政治参加については，外国人に地方参政権を認めるかどうかが議論の中心である。もっぱら「国民主権」(第1条)，「国民固有の権利」(第15条1項)，「住民」(第93条2項)の解釈をめぐって憲法論として議論されてきた。

学説は，①要請説(憲法上要請されており，外国人に参政権を付与しないことは違憲である)，②禁止説(憲法上禁止されており，外国人に参政権を付与することは違憲である)，③許容説(憲法上いずれの選択肢も許容しており，外国人に参政権を付与しないことも付与することも合憲である)に区分できるが，このうち許容説が多数である。

最高裁も，「我が国に在留する外国人のうちでも永住者等であってその居住する区域の地方公共団体と特段に緊密な関係を持つに至ったと認められるものについて，その意思を日常生活に密接な関連を有する地方公共団体の公共的事務の処理に反映させるべく，法律をもって，地方公共団体の長，その議会の議員等に対する選挙権を付与する措置を講ずることは，憲法上禁止されているものではないと解するのが相当である。しかしながら，右のような措置を講ずるか否かは，専ら国の立法政策にかかわる事柄であって，このような措置を講じないからといって違憲の問題を生ずるものでは

ない」（最判平成17・1・26民集第59巻1号128頁）と判示し，許容説にたっ
ていると解される

　外国人市民に地方参政権を付与すべきかどうかについては，憲法論とと
もに，国際的潮流（EUは，マーストリヒト条約で，構成国内の外国人の地
方参政権を定めた。その他，北欧諸国，オーストラリア・ニュージーラン
ド・カナダなどの英連邦諸国）の動向，納税の義務といった観点からの議論
も重要である。

　政策論の観点も重要で，国政ならば主権の問題が出てくるが，役務の提
供（サービス）と助け合いが主になる地方自治の場合，外国人に選挙権を付
与したほうが住民全体にとってプラスかどうかなど多面的に検討して決め
るべきだろう。

　在留資格の緩和化が進み，外国人の定住化が進むなかで，今後は，一定
の条件を満たした外国人市民に対して地方参政権を付与する方向に進んで
いくと思われるが，その際には，それを受容し，包容する市民感情の成熟
が決め手になるから，定住外国人の行政参加やコミュニティ参加を積極的
に進めるなかで，政治参加の道すじをつけていくことが肝要だろう。

● 定住外国人の公務就任権

　定住外国人の公務就任権を認めるか否かは，公務就任権の起源を参政権
（第15条）に求めるか，職業選択の自由（第22条2項）に求めるかによって
違ってくる。

　憲法第15条は「公務員を選定し，及びこれを罷免することは，国民固有
の権利」と規定しているが，直接，明文で書いているのは公務員の選定罷
免権であるが，これには公務就任権も含まれると考えると，主権者ではな
い外国人には，公務就任権は認められないことになる。

　他方，職業選択の自由（第22条2項）からは，公務も職業の一種であるか
ら，定住外国人にも公務就任権が認められやすい。多くの職員にとって，
公務員は職業のひとつであり，職業選択のひとつに過ぎないというのが実
際だろう。職業選択の自由から考えていき，公務の性質によっては，その
自由にも一定の制約があると考えていったほうが妥当である。

　この点，国は当然の法理を根拠としていた（昭和28年3月25日法制局1

登第29号内閣法制局第一部長回答)が，最高裁判決(最判平成17年1月26日民集第59巻1号128頁)は，「当然の法理」に代えて「公権力行使等地方公務員」の概念を用いている。

公権力行使等地方公務員は，「住民の権利義務や法的地位の内容を定め，あるいはこれらに事実上大きな影響を及ぼすなど，住民の生活に直接間接に重大なかかわりを有するものである。それゆえ，国民主権の原理に基づき，国及び普通地方公共団体による統治の在り方については日本国の統治者としての国民が最終的な責任を負うべきものであること(憲法1条，15条1項参照)に照らし，原則として日本の国籍を有する者が公権力行使等地方公務員に就任することが想定されているとみるべき」としている。

2018（平成30)年12月8日の第197回国会(臨時会)において「出入国管理及び難民認定法及び法務省設置法の一部を改正する法律」が成立し，2019（平成31)年4月から施行された。今後，ますます在留外国人が増え，定住化が進んでいく。

外国人だからと言って，単にサービスを受けるだけというのは，もはや許容されないであろう。有為の定住外国人は，自ら公務員になって，地域のため，社会のために積極的に活躍してもらいたい。そのほうが，自治の推進にとっても地域の住民にとっても利点も多い。

定住外国人が公務員になることで，日本国や自治体への忠誠の問題もあるが，それを日本国籍に結びつけるのは飛躍がある。実際，外国政府と通謀する日本人もいないとは限らないからである。公務員は日本国憲法を尊重・擁護することを宣誓したうえで職務を執行するが，国や自治体への忠誠は，国籍によってではなく，地方公務員法等の法令によって覊束すれば十分である。

● 定住外国人の政策参加

外国人市民が自治体の政策決定等に参加することは，特別の場合を除き，特に意識されずに行われてきた。その根拠となるのが，住民の役務の提供を受ける権利と負担を分任する義務(第10条2項)である。住民には外国人も含まれるが，行政サービスを受ける権利や納税の義務の前提として，住民は正しい情報を知り，参加して意見を言うことができる。

住民投票については，対応が分かれている。住民投票制度は，間接民主主義制度を補完し，住民の総意を的確に把握するため制度で，原理的には参加権に由来し，法的には執行機関等を拘束するものではないことから，本来，定住外国人市民も投票権者とすべきである（川崎市）。

他方，政治的には，執行機関や議会は，投票結果に拘束されることから，実際の機能としては参政権的要素を持っている。また実務的には，住民投票制度は，選挙制度の仕組みを利用することもあり，投票権者を選挙権者に限定する条例も多い。

今後は，定住外国人の意向を含めて判断した方が好ましい事例も増えてくると思われる。ケースによっては，定住外国人も投票できる道を残した制度設計とすべきだろう。

● 定住外国人市民のまちづくり参加

在留外国人の増加と定住化で，地域社会ではさまざまなトラブルが起こっている。文化や生活スタイルの違いからくる摩擦（ゴミ出し，夜間の騒音などのトラブル），地域社会との関係の希薄や隔離（在留期間が長期化，集住化の傾向が進むにつれ，外国人コミュニティが形成され，日本語があまり話せない者であっても日本社会とそれほど関わることなく生活ができるようになる）からくる相互不信などである。

こうした課題を乗り越え，定住外国人が地域コミュニティに参加し，まちづくりに主体的に取り組むように政策化していくことは急務であるが，最も取り組みの遅れている分野である。

日本の総人口が減少している中で，外国人の人口は47都道府県の全てにおいて増加傾向にあり，彼らを地域づくりに巻き込まない手はない。また，外国人は，日本にはない視点をもたらす存在で，開国日本の近代化や戦後の復興などに寄与してきた。その視点やアイディアは，地域づくりに活かしていくべきである。

(2)　定住外国人の動向

● 在留外国人数の増加と定住化

在留外国人数は，1990年代に入ると大幅に増加していき，2008（平成

188

20)年をピークに一時減少するが，その後，再び増加傾向にあり，2018（平成30)年末現在における在留外国人数は273万1093人となり，前年末に比べ，16万9245人(6.6%)が増加し，過去最高となった。我が国の総人口に占める割合は，２％を超えた。

この変化は，出入国管理制度の緩和化と経済状況が大きく影響している。

1990年(平成２)に出入国管理及び難民認定法が改正され，「定住者」の在留資格が創設された。これにより主に工場労働者としてブラジルを始めとする中南米から多くの日系人が来日した。

1993（平成５)年には「技能実習制度」が創設され，中国を始めとする多くの外国人が来日した。

2008（平成20)年のリーマンショックを背景とした不況，2011（平成23)年の東日本大震災をきっかけに帰国する外国人が増え一時的に減少していくが，2013（平成25)年「国家戦略特区」での外国人の受け入れ促進，2014（平成26)年の「高度専門職」の在留資格が創設されたことなどから，現在は再び増加傾向にある。

2018（平成30)年の出入国管理法の改正は，より一層，在留外国人が増加し，定住化が進んでいくと思われる。

● 多種多様な国籍

1986（昭和61)年当時，約86万の外国人が在留していたが，その約８割を韓国及び朝鮮人が占めていた。それが2018（平成30)年では16.5%と，

表Ⅲ-9-1　在留資格に係る入管法等の主な改正

1989年	在留資格の再編(「定住者」の創設など)
1993年	技能実習制度の開始
2006年	在留資格「特定活動」の創設
2009年	新たな在留管理制度の導入，在留資格「技能実習」の創設
2014年	在留資格「高度専門職」の創設
2016年	在留資格「介護」の創設
2018年	在留資格「特定技能」の創設

（資料）　筆者作成

割合を大きく減らしている。

　その後は最も多いのが中国で，1986年当時は約1割程度であったが，現在は76万4720人と約3割近く（28.0％）を占めるようになった。

　1986年時点では，ごく僅かの割合だったベトナム，フィリピン，ブラジル，ネパールが，大幅に増加しており，また，その他の割合についても大きく増加していることが分かる。

　国籍・地域の数は195（無国籍を除く）にも及び，在留外国人については，多国籍化が進んでいることが分かる。

● 在留外国人といっても市町村ごとに違う

　定住外国人の数や国籍構成は市町村ごとに異なり，地域に応じた多様性を持っている。

　総人口に占める外国人口の割合が最も高いのは，北海道勇払郡占冠村（22.69％）で，次いで大阪府大阪市生野区，群馬県邑楽郡大泉町，北海道余市郡赤井川村，東京都新宿区となっている[52]。

　同じ県内でもばらつきがある。群馬県で見ると，全35市区町村の内，外国人割合が2％以下の市区町村が25ある一方，邑楽郡大泉町は18.1％であり，伊勢崎市は5.7％と突出して高い数字となっている。

　神奈川県内において，人口に占める外国人割合の上位3自治体は，愛川

表Ⅲ-9-2　総口に占める外国人の割合の多い市町村（平成30年1月1日現在）

順位	市区町村	総人口に占める外国人の割合
1	北海道勇払郡占冠村	22.69％
2	大阪府大阪市生野区	21.78％
3	群馬県邑楽郡大泉町	18.11％
4	北海道余市郡赤井川村	12.68％
5	東京都新宿区	12.40％

（資料）　筆者作成

52　占冠村については，多くの外国人観光客が訪れており，その外国人観光客が宿泊するホテルの従業員として多くの外国人が雇用されていることから高い割合となっている。

図Ⅲ-9-1　在留外国人が人口に占める割合
（神奈川県上位３団体）

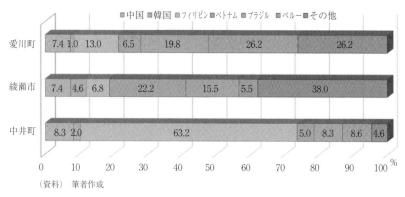

（資料）　筆者作成

町，綾瀬市，中井町であるが，それぞれ国籍構成が大きく異なっている。

　３市町とも中国人及び韓国・朝鮮人の割合が低く，愛川町は，ペルー，ブラジルが最も多い。1990（平成２）年に出入国管理法の改正で，日系３世まで日本で就労可能になったが，このとき，地域の下請け工場で働くことになった人々である。ニューカマーであるが，その時生まれた子どもが，現在では大人になっている。

　綾瀬市は，ベトナム国籍が最も多い。これは2008（平成20)年の「留学生30万計画」や2010（平成22)年の技能実習制度の実施が契機になっている。中井町ではフィリピンが多くを占めている。

　このことから市町村における在留外国人は，自治体の産業形態などの特徴に併せて多様化していることが分かる。今後は，より一層，多様化が進むことが予想される。この市町村ごとに多様な定住外国人政策が求められていくことになる。

(3)　これまでの定住外国人政策

・国の定住外国人政策

　戦後，日本における定住外国人の多くは，旧植民地から日本にやってきた韓国・朝鮮の人々であった。戦後，彼らの多くは帰国の途についたが，朝鮮戦争をはじめとする母国の政治的，経済的な混乱を背景に約60万の韓

国，朝鮮人が日本に留まった。この時期の定住外国人政策と言えば韓国・朝鮮人対策であった。

　1980年代半ばになると，高度経済成長・バブル景気を背景に，フィリピンなどアジア諸国から観光や留学を名目に入国し，不法就労するケースが目立ち，社会問題化した。また，深刻な人手不足に対応するため，1990（平成2）年には国は入管法を改正し，日系外国人及び3世までの子孫に対し，就労が制限されない定住者資格を創設した。この時期の在留外国人政策は，社会秩序の維持や治安対策に重点をおいたものであった。

　同時に，定住外国人が増加するなかで，旧自治省は「地域国際交流推進大綱」を策定し，外国人が活動しやすいまちづくりも行っている。

　2000年代に入ると，さらに増加していく定住外国人に対し，日本語教育や就労支援といった政策アプローチが必要となり，2006（平成18）年には総務省が全国の自治体に対して「多文化共生プラン」の策定を求めることとなった。新たな定住外国人の増加に対応した「生活者としての外国人」という視点での政策展開に変化していった。

　近年では，日本経済のグローバル化，人口減少に伴う人材不足に対応して，留学生30万計画（2008年・平成20年），国家戦略特区の創設（2013年・平成25年），ニッポン一億総活躍プラン（2016年・平成28年）等で，日本経済のイノベーション力を強化し，日本の成長を担う人材の一部として外国人材を位置付け，外国人を積極的に「活用」しようとする政策にシフトし始めている。

● 自治体の定住外国人政策

　主権論に縛られる国の場合は，外国人は管理か活用という一方向な政策になりがちであるが，実際に地域で共に暮らすという地方の立場からは，定住外国人が，その特性を活かし，地域のために存分に力を発揮して「活躍」する政策をとることができるはずである。しかし，自治体の定住外国人政策は国の政策に縛られ，共生や活躍の取り組みは十分ではない。

　たとえば神奈川県の外国人に関する施策をみると，専門相談窓口の設置，一般通訳派遣事業，コールセンターの設置などの多言語による各種サービスの実施，留学生支援など市町村が単独で実施することが難しい施策を広

域的に実施している点については一定の評価ができる。しかしながら，それらの施策の多くは日本人と外国人が共生することを主眼においた消極的な政策である。

　また，神奈川県では，外国人看護師，介護福祉士候補者の資格取得支援，国の国家戦略特区認定事業である外国人家事支援人材の試行的受け入れなど，外国人材の育成・活用といった施策を推進しているが，それらの施策も，日本では人が集まりにくい職種に外国人を活用しようという日本の都合ともいえる政策である。

　むろん，こうした政策の必要性や重要性を否定するわけではないが，定住外国人の増加，多様化に伴い，定住外国人に，大いに活躍してもらう政策が必要であろう。

⑷　定住外国人活躍政策

● 定住外国人活躍政策の意義

　定住外国人の持つ多様性（言語，文化の違い）が地域内トラブルを生じさせる「摩擦」と捉えがちであるが，定住外国人活躍政策とは，定住外国人の持つ多様性や可能性を地域の「資源」と捉え，彼らに活躍してもらうことで，地域の活性化，魅力的な地域づくりを目指すものである。

　自治体においては，これまで定住外国人に対する体系的な政策がないゆえに，結果として，定住外国人は，恩恵やサービスの対象としての運用が行われてきた。しかし，高齢化や少子化が進むなか，日本社会全体が余力をなくしつつあるなかで，定住外国人に地域の担い手として，相応の役割と責任（活躍）を期待するようになっていく。

　摩擦から資源という発想の転換が，定住外国人活躍政策の出発点になるが，これは日本人一人ひとりが，定住外国人の持つ特性を日本の社会の中で，穏やかに包摂できるか，その民主性が問われているということでもあり，その意味で，定住外国人活躍政策は，日本政策でもある。

　定住外国人の「活躍」の場としては，政治参加，行政参加，まちづくり参加があるが，ここで論じる定住外国人活躍政策は，市民としての行政参加と地域参加である。

● 定住外国人活躍政策の視点

①定住外国人は社会の貴重な資源

定住外国人は，多様性（言語，文化の違い）を持つが，それが社会にとっての貴重な資源である。定住外国人は多様性を持ち，日本人の発想とは違う，新たな価値を体現できるという強みを持っている。この強みが，社会の発展に寄与することになる。

②定住外国人の自立を促進する

定住外国人を日本社会の一員として，社会的に自立させるための仕組みやそのための経験を日本は十分には持っていない。しかし，定住外国人が増えていくという現実のもと，定住外国人を社会の一員として受け入れる制度や行動がないと，私たちの社会自体が脆弱で軋轢の多いものになってしまう。定住外国人が自立し，自治体の政策形成やまちづくりに積極的に参画できるようにしていくのが行政の役割でもある。

③定住外国人の権利と責任

定住外国人は資源であるという視点に立てば，彼らは，自分自身の生活や自分の住む地域の環境，社会全般の発展に関与し，その発展に参画できる権利を持っていることになる。同時に，定住外国人は，自分の行動に対して責任がある。

● 定住外国人活躍政策の方向性

①定住外国人の活躍推進の基礎となる施策

政策の推進主体となる自治体が，政策の基本理念についての理解を持ち，効果的な施策を講じるための基盤づくりと情報収集をする。

②定住外国人の活躍を認知してもらうための施策

日本人，外国人を問わず，広く住民に対し，定住外国人による活躍の可能性について普及・啓発し，定住外国人の活躍の機会やきっかけ，有効性を認知してもらうことを目的とする。

③定住外国人の活躍を推進するための施策

定住外国人がさまざまなフィールドで活躍できるよう，関係機関が連携して彼らの活躍を支援することを目的とする。

④定住外国人の活躍を持続的にするための施策

　定住外国人の活躍を一過性とせず，将来に向けて持続的なものとするための環境づくりを目的とする。

＊　定住外国人の活躍施策を網羅したものとして，松下啓一ほか『定住外国人活躍政策の提案』（萌書房）がある。

第10章　連携する公・チームとしての
市町村と都道府県

(1)　都道府県と市町村の関係・進む市町村への権限移譲と課題

●旧地方自治法下の都道府県・国の出先機関的な役割

　地方分権一括法で改正される以前の地方自治法では，都道府県は市町村と同じ地方自治体ではあったが，国の出先機関的性格を有するとともに，市町村に対しては指導監督などの優位的地位に立つ存在であった。

　その背景となるのが機関委任事務である。機関委任事務とは，都道府県知事や市町村長を国の機関として位置づけ，これらに国の事務を委任し，執行させる仕組みである。要するに，機関委任事務に関しては，都道府県知事は，国の主務大臣の下部機関となり，主務大臣の指揮命令権に服することになる。都道府県事務のうちの機関委任事務が7～8割であったことから，国の出先機関的性格は，濃厚なものとなった。

　都道府県と市町村との間の事務配分についても，市町村は，基礎的な地方自治体として，都道府県が処理する事務以外の事務を一般的に処理するもの(旧地方自治法第2条第4項参照)とし，都道府県の事務は，①広域にわたるもの(広域事務)，②市町村に関する連絡調整に関するもの(連絡調整事務)，③一般の市町村が処理することが不適当であると認められる程度の規模のもの(補完事務)に加え，④統一的な処理を必要とするもの(統一事務)を持つとされた(旧地方自治法第2条第2項)。つまり都道府県は，地方自治体とは言っても限定的な事務を処理する地方自治体であった。

　また，機関委任事務を処理するに当たって，都道府県知事の市町村に対する指揮監督権を認め(旧地方自治法第150条)，都道府県知事は市町村長に事務委任できる(旧地方自治法第153条第2項)，都道府県は市町村の行

表Ⅲ-10-1　地方自治法の改正による事務区分の変化

区分	改正前（2000年以前）	現行（2000年以降）
都道府県の事務	①広域事務 ②統一事務 ③連絡調整事務 ④補完事務	①広域事務 ②連絡調整事務 ③補完事務
市町村との関係	①機関委任事務の指揮監督権 ②事務委任制度 ③統制条例の設定 上下・主従の関係	①事務委任制度 対等・協力の関係

（資料）　筆者作成

政事務に関して統制条例を設けることができる（旧地方自治法第14条第3項）など，都道府県は，市町村に対して優位に立つ存在でもあった。

- 第一次地方分権改革と進む市町村への権限移譲

　1995（平成7）年から始まった第一次地方分権改革では，機関委任事務の

表Ⅲ-10-2　第一次地方分権改革における権限移譲の具体例

市町村の規模に応じた権限移譲	○政令指定都市へ ・都市計画の決定（特に広域的な判断を要する都市計画を除く） ・埋蔵文化財包蔵地域における土木工事等の届出受理など
	○中核市へ ・都市計画法に基づく開発審査会の設置 ・県費負担教職員の研修 ・宅地造成工事規制区域の指定など
	○特例市へ ・騒音規制地域，悪臭原因物排出規制地域，振動規制地域の指定など ・開発行為の許可など ・再開発事業の計画の認定制度にかかる認定など
	○市（一部福祉事務所設置町村を含む）へ ・史跡・名勝・天然記念物の軽微な現状変更等の許可 ・児童扶養手当の受給資格の認定など ・商店街振興組合及び商店街振興組合連合会の設立認可など
	○市町村へ ・犬の登録，鑑札の交付，注射済票の交付 ・身体障害児に対する補装具の交付，身体障害児及び知的障害児（知的障害者）に対する日常生活用具の給付 ・市町村立高等学校の通学区域の指定
	○その他（建築主事を置く市町村へ） ・建築基準法の許可事務などの一部（建築審査会を設置した場合に限る）

（出典）　神奈川県市町村研修センター『平成28年度政策形成実践研究報告書』を参考に一部修正

廃止に伴い，そこから移行した事務が，市町村の事務に加わった。また地方自治体は，「地域における行政を自主的かつ総合的に実施する役割を広く担うもの」（第1条の2）と位置付けられ，特に，「市町村は，基礎的な地方公共団体として，第5項において都道府県が処理するものとされているものを除き，一般的に，前項の事務を処理するものとする」（第2条3項）とされたことから，これらを裏付けるかたちで，都道府県の権限が市町村に法定移譲された。さらには，都道府県から市町村への権限移譲できるように，条例による事務処理の特例制度も設けられた。

● 第二次地方分権改革と進む権限移譲

　第二次地方分権改革では，さらに市町村への権限移譲が進んでいくことになる。第一次から第四次にわたる一括法で，国から地方，都道府県から市町村への権限移譲が進められたが，特に2011（平成23）年8月に成立した第二次一括法では，47の法律で，都道府県から市町村への移譲が行われた（表Ⅲ-10-3）。

表Ⅲ-10-3　第二次一括法により基礎自治体へ権限移譲された事務の具体例

関係法律	主な移譲事務の内容	移譲先
社会福祉法	社会福祉法の定款の認可，報告徴収，検査，業務停止命令等	市
障害者の日常生活及び社会生活を総合的に支援するための法律	育成医療の支給認定等，自立支援医療費の給付	市町村
母子保健法	低体重児の届出，未熟児の訪問指導等，養育医療の給付	市町村
身体障害者福祉法・知的障害者福祉法	身体・知的障害者相談員への委託による相談対応，援助	市町村
農地法	農地等の権利移動の許可	市町村
悪臭防止法	悪臭に係る規制地域の指定，規制基準の設定	市
環境基本法	騒音に係る環境基準の地域類型の指定	市
振動規制法	振動に係る規制地域の指定，規制基準の設定	市

（出典）　神奈川県市町村研修センター『平成28年度政策形成実践研究報告書』を参考に一部修正

● 法定移譲の評価

　地方分権改革を通して，市町村への権限移譲が積極的に進められたが，当の市町村は，権限移譲をどのように評価しているのか。

　2013（平成25）年に内閣府地方分権改革推進室が，「基礎的自治体への権限移譲の施行に係る状況調査」を実施したが，それによると，権限移譲に伴う支障の有無について，「おおむね支障はない」（32.1%）と答えた市町村は，3分の1にとどまり，「今後の執行状況をみて判断したい」（52.7%）と考えている市町村が最も多い。

　権限移譲で，「住民に身近な自治体が事務を行うことでサービス向上につながった」，「域内の状況が早期に把握できるようになり，迅速な対応ができるようになった」，「事務処理時間が短縮された」，「基準を策定し地域の実情に応じ対応できるようになった」など，肯定的な評価もあり，このメリットを活かすべく，都道府県からの丁寧な情報提供や，移譲事務に関するノウハウ蓄積又は専門職員の養成のための助言・支援等を引き続き，怠らないようにしてほしい。

(2)　フルセットの行政からの転換

● フルセット行政の可能性

　人口減少と超高齢化の進展は，自治体財政を圧迫し，また，自治体職員数のカットは，限界まで来ていて，提供しているサービスを維持するのもままならない。

　人口減少によって，事業経費が減っていくものもあるが，人口減少とは無関係に維持し続ける必要のあるものも多い。たとえば，道路や橋梁を代表する公共インフラの整備や台風や地震など自然災害に関する防災関連の施策などは，人口減少に関わらず一定の費用がかかってしまう。

　こうした状況にあって，理屈上は，業務の品質を落としながら，従来のフルセットの行政をそのまま継続する方法，選択と集中によって一定の業務を廃止し，残された業務に，これまでと同等のあるいはそれ以上のサービスを行う方法などが考えられるが，これらを実際に実施していくことは容易ではない。

● フルセット行政を越えて・西尾私案を読み直す

　市町村合併が強力に推進されるとともに，市町村制度の見直しが唱えられてきた時代に提出されたのが西尾私案である。

　首相の諮問機関である第27次地方制度調査会（2001年・平成13年11月発足）は，審議事項である「基礎的自治体のあり方」，「都道府県のあり方」などの審議が進められていたが，その論議のなか，2002（平成14）年11月に西尾副会長から提出された「今後の基礎的自治体のあり方について（私案）」が「西尾私案」である。

　西尾私案では，地方分権時代において「自己決定・自己責任」を実行できる基礎的自治体として，規模はさらに大きいことが望ましいことから，合併を積極的に推進するとした上で，それでも市町村合併に至らなかった一定の人口規模未満の団体については，次の2つの方式で事務処理する案が提案された。

　事務配分特例方式は，一定の人口規模未満の団体は，法令による義務付けのない自治事務を一般的に処理するほか，窓口サービスなど通常の基礎的自治体に法令上義務付けられた事務の一部を処理するもので，その他の事務については，都道府県が当該事務の処理をするという考え方である。

　内部団体移行方式は，ある人口規模に満たない団体は，ほかの基礎的自治体へ編入され，一定期日までにこの編入先の基礎的自治体の内部団体に移行するものである。結果，編入先の基礎的自治体は，複数の旧市町村を包括した連合的な団体となるという案である。

　西尾私案については，人口規模の小さい団体は切り捨てられるという印象を持たれて，小さな自治体を中心に反発が広がっていったが，その趣旨は，市町村の業務が増える一方で，少ない職員数で，複雑・多様化する住民ニーズにこたえていくことは限界があるという問題意識に立ち，そのう

図Ⅲ-10-1　西尾私案の概要

```
一定の人口規模未満の団体
①事務配分特例方式
　　○市町村　　　法令による義務付けのない自治事務
　　　　　　　　　窓口サービスなど通常の基礎的事務
　　○都道府県　　その他の事務
②内部団体移行方式
　　　　　　　　　ほかの基礎的自治体へ編入され，一定期日までにこの編入先
　　　　　　　　　の基礎的自治体の内部団体に移行する
```

（資料）　筆者作成

えで，これまでのフルセット主義にとらわれずに，発想の転換を迫るものである。

　地方分権改革において，市町村を基礎的な地方公共団体として，そこに権限移譲するのは，それによって住民サービスがより充実したものになると考えたからであるが，現実に市町村が人的・物的限界から，住民サービスの提供を十分にできない状況にあっては，形式的，画一的に考えるべきではないという考え方に依拠したものといえる。

● 水平補完の制度

　各自治体がフルセットですべての事業を行うのは，もともと困難なので，それを見越して地方自治法には，市町村間の水平補完の制度が用意されている。市町村間で行う事務の共同化で，これによって行政の効率化を図るとともに，一自治体ではできないサービスを実現するものである。水平補完は，消防やごみの共同処理事業などで広く行われている。

　一部事務組合(第284条)は，2以上の地方公共団体が，その事務の一部を共同して処理するために協議により規約を定めて設置する事務の共同処理機構である。

　広域連合(第284条)は，特別地方公共団体として，地方公共団体の事務で広域にわたり処理することが適当な事務に関し，①広域にわたる総合的な計画の作成，②広域にわたる総合的な計画の実施のために必要な連絡調整，

図Ⅲ-10-2　水平補完

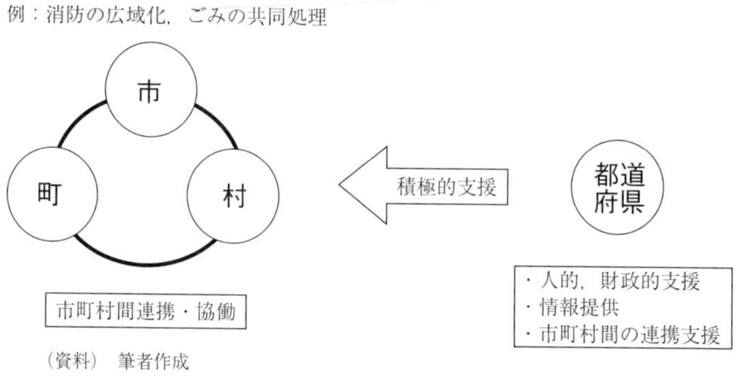

例：消防の広域化，ごみの共同処理

市町村間連携・協働

積極的支援

都道府県

・人的，財政的支援
・情報提供
・市町村間の連携支援

（資料）　筆者作成

③事務の一部について広域にわたる総合的かつ計画的な処理を行う仕組みである。一部事務組合とは，国，都道府県等から直接に権限等の移譲を受けることができること，直接請求が認められているなどの違いがある。

その他，協議によって規約を定める協議会（第252条の2），委員会・委員（地方労働委員会・公安委員会は除く）や附属機関の共同設置，事務の委託，事務の代替執行（第252条の16の2〜第252条の16の4）等の仕組みが用意されている。

2014（平成26）年の改正で，「普通地方公共団体は，他の普通地方公共団体と連携して事務を処理するに当たっての基本的な方針及び役割分担を定める連携協約を締結できる」（第252条の2）ことになった。連携協約は，国家間の条約のように，自治体間で協約を締結する制度である。

市町村間で水平補完することで，スケールメリットをつくることができるというのはメリットのひとつである。図Ⅲ-10-2のように，各種サービス施設の設置には，一定の人口規模が必要となる。指定管理者制度やPFIなど官民連携の手法も，自治体の規模が小さすぎると，事業者が参入できない。水平補完でスケールメリットができると，これらサービスや新たな事業ができる可能性が高まっていく。

(3)　都道府県と市町村による垂直連携

● 垂直補完とは

基礎自治体の窮状を乗り越える試みの一つが，垂直補完である。これは，都道府県と市町村が相互に連携しあい，いわば，一つのチームとなって行政サービスを提供するという発想である。

都道府県が，市町村の意向に基づき，市町村に代わって業務を実施することで，地域住民に行政サービスを提供するのが垂直補完である。市町村間における事務の共同化が，水平補完であるのに対して，垂直補完は，都道府県と市町村の共同化である。

住民にとってみれば，誰がサービスを提供するかは，さして重要なことではなく，効果的・効率的なサービスが提供されれば，提供者が都道府県であっても市町村であってもかまわない。身近なサービスの提供は基礎自治体が担うべきとの固定観念にとらわれることなく，都道府県と市町村が全体と

表Ⅲ-10-4　サービス提供施設別の必要需要規模
（３大都市圏を除く）

（単位：人）

		存在確率50％	存在確率80％
小売	飲食料品小売	500	500
	飲食店	500	500
	書籍・文房具小売店	2,500	2,500
	ショッピングセンター	77,500	92,500
	百貨店	275,000	275,000
金融	郵便局	500	500
	銀行	6,500	9,500
医療	一般診療所	500	500
	一般病院	5,500	27,500
	救急告示病院	17,500	37,500
福祉	介護老福祉施設	500	4,500
	訪問介護事業	8,500	27,500
	介護老保健施設	9,500	22,500
	有料老ホーム	42,500	125,000

（出典）　国土交通省資料「サービス施設の立地する確率が50％及び80％となる
　　　　　自治体の人口規模」からの抽出・整理

して，その持つ資源を総合化して提供するのも，ひとつの方法である。

　1998年（平成11年）の地方自治法の改正で，都道府県と市町村は，どち
らも「地域における事務」を処理するものとされ（第2条2項），旧地方自
治法（旧第2条3項）にあった具体的な事務の例示が削除されたが，これに
よって，都道府県と市町村の役割分担は，画一的に線引きせず，「地域にお
ける事務」という共通の守備範囲の中で，地域ごとの実情に応じて判断し
やすくなった。

● 垂直補完の手法

　垂直補完は，市町村から都道府県への権限移譲（逆権限移譲）であるが，
事務処理の特例に関する条例などを制定することにより，市町村から都道
府県に事務の移譲を図ることが考えられる。また，事務処理の特例に関す
る条例により都道府県から市町村に権限移譲されている事務についても，
条例改正により権限を再度，都道府県に帰属させるという方法もある。

　地方自治法に規定する事務の委託，事務の代替執行も垂直補完の法的裏

図Ⅲ-10-3　垂直補完

例：道路インフラ長寿命化事業

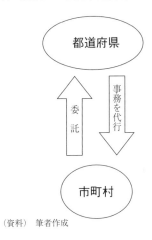

（資料）　筆者作成

付けとなる（第252条の14〜第252条の16）。両者とも，自治体の事務の一部の管理・執行を他の自治体が行うものであるが，事務の委託は，管理・執行権限を譲渡するため，委託した自治体は執行の方針への関与が難しくなるが，事務の代替執行の場合は，管理・執行権限の譲渡を伴わないため，依頼された自治体は，依頼した自治体の意図のとおりに執行することが求められる。

● 垂直補完が考えられる事務

　都道府県が市町村に代わって処理することがふさわしい事務として，次のような事務が考えられる。

　①地方分権改革により国や県から市町村へ権限が委譲された事務

　②技術職員（土木職のほか，保健師や栄養士，指導主事など）の行う業務

　③事務の専門性が高いもの（滞納整理や税務事務，法務・訴訟事務など）

　④事務が定型的で裁量の余地が小さいもの（各種統計事務など）

　⑤専門的知識を有する外部委員を必要とするもの（情報公開・個情報保護審査会，行政不服審査会，介護認定審査会，公務災害補償審査会などの各種審査会事務）

図Ⅲ-10-4　補完対象となり得る事務・事業(例)

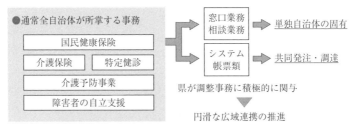

事務の共同化や共同調達によりスケールメリットを生み出せるもの

(出典)　神奈川県市町村研修センター『平成28年度政策形成実践研究報告書』

⑥新しく生じた事務でノウハウの蓄積がないもの

⑦事務の共同化や共同調達によりスケールメリットを生み出せるもの(国民健康保険や介護保険，特定健診や介護予防事業，障がい者の自立支援など)

(4)　奈良モデル

● 奈良モデルとは

　奈良モデルとは，奈良県が行っている水平補完，垂直補完の取り組みである。

　奈良県は，小規模自治体が多い割に，歴史的背景等から市町村の名称を後世に残したいという声も強く，合併が容易に進まなかった。平成の合併においては，全国では半数近い1,505の市町村が減少し，その減少率は46.5％となったのに対し，奈良県では4地域での合併で市町村数は8のみの減少，減少率は17.0％にとどまった。そこで，合併以外の手法による行政効率化を果たすため，奈良モデルが考案された。

　その発想の基本となったのは，次のような考え方である。

　①県と市町村それぞれは，一方が他方を支配し，又は積極的に補完を義務付けられる関係にはなく，対等な立場に立つ公共団体である。

　②県と市町村は，憲法や法律で禁止されていない限り，それぞれの議会の承認を得て他の公共団体と平等な立場で，連携・協働を進めることができる(公共団体間の契約自由の考え方)。

　③県と市町村が有する総資源(職員，予算，土地，施設)を，県域のニーズに対応して，連携・協働して，有効利用することが望ましい。

● 奈良モデルの内容

　奈良モデルでは，①県から市町村への権限移譲に加え，②市町村間の連携による効率化(水平補完)，③小規模町村への支援(垂直補完)が内容である。

　水平補完における奈良県の役割は，共同処理実現に向けて，後方的な支援・調整にとどまらず，市町村と同じ立場で積極的に参加して推進するものである。

　垂直補完は，人口が一定規模以下である小規模町村に対し，町村の意向に基づき，町村が実施すべきものとされている事務を奈良県が実施するものである。例として道路インフラの長寿命化事業がある。実施手法としては，町村から県への事務の委任，県も加入した広域連合の設置などであり，対象となる事務の内容により個別に判断されている。

● 奈良モデルから学ぶこと

　都道府県が市町村に代わって事務を代行する垂直補完は，一見すると地方分権の流れに逆行するように見える。また奈良モデルでは，奈良県(特に県知事)が積極的にイニシアティブを発揮しているが，これも都道府県と市町村の対等性を明確に打ち出した地方分権の考え方に反しているように見える。

　しかし，身近なサービスの提供は基礎自治体が担うべきであるという地方分権の考え方は，それが住民の福祉の実現に適切であると考えたからであって，現に小規模町村では，技術職員の不足から橋梁補修工事のように執行がままならない現状のもとでは，その固定観念にとらわれる必要はない。

　奈良県全体が持つ総資源(職員，予算，土地，施設)を有効活用して，課題を解決し，住民サービスを実現すればよいという視点は，資源，権限が限られた自治体にとって，大きなヒントになると思われる。

第11章　自治の共同経営者としての議員・市民や職員を励ます議員

(1)　地方議員の位置づけ・自治の共同経営者

● 日本の地方自治は二元代表制である

　二元代表とは，自治体の長と議会の議員は，ともに住民によって直接選挙される(憲法93条2項)。これを住民から見ると，長と議会という2つの住民代表がいるということである。

　この長と議会・議会が，ともに住民を代表しているという緊張関係が，それぞれの活動の源で，首長と議員・議会の間で，どちらの主張・行動が市民ニーズを体現しているかを争う(止揚していく)ことで，市民の幸せを実現していく仕組みである。

図Ⅲ-11-1　二元代表制

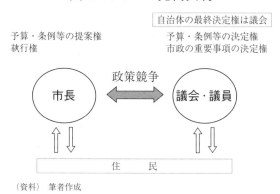

（資料）　筆者作成

● 国のシステムは議院内閣制である

　これに対して，国のシステムは議院内閣制（一元代表制）である。

　国の場合は，国民が国会議員を選挙し（憲法43条），その国会議員で構成
される国会が指名した内閣総理大臣が内閣を組閣する（67条）。内閣は，行
政権の行使について，国会に対し連帯して責任を負う（66条③）。つまり，
行政権を行使する内閣は，議会・議員によって選ばれるという一元的な関
係になっている。

● 両者はどう違うのか－どの時点で政策競争を行うか

　二元代表制と議院内閣制の違いは，どの時点で政策競争をするかである。

　議院内閣制は，議員を選ぶ時点で政策競争することになる。A案を主張
する議員を選ぶか，B案を主張する議員を選ぶかである。国で言えば，あ
る基本政策を推進するA党の議員を選ぶか，それに反対の基本政策を推進
するB党の議員を選ぶかである。この時点で，議員はA党，B党と集合離
散することになる。

　これを緊張関係という観点からみると，内閣を組織する内閣総理大臣を選
出する母体となった党派（与党）とそれができなかった党派（野党）の間に最大
の緊張関係が生まれ，そこでの競争が，政策づくりの源泉となっていく。

図Ⅲ-11-2　議院内閣制

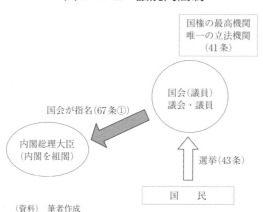

（資料）　筆者作成

これに対して，二元代表制では，住民に選ばれた市長と議員が，ある課題をめぐって，それぞれが政策提案をする中で，政策競争する。議員は，テーマごとにA案，B案と集合離散することになる。地方政治では，与党・野党がないと言われる所以である。

● 二元代表制をベースに議院内閣制の要素も取り入れている

日本の地方自治制度は，アメリカの大統領制度とちがい，議院内閣制の要素を取り入れるとともに，議会が執行権限の行使についても事前に関与するという変則的な制度も採用している。

具体的には，次のような制度がある。

・議会は長に対して不信任議決を行う権限を，長は議会を解散する権限を有している(第178条)。

・議会運営について，議会を長が招集することを原則(第101条)とし，予算案の提出権限は，長に専属させ，議会の修正権に制約を課している(第97条)。また議案の提出権を長にも付与している(第149条)。

・長による契約の締結，財産の取得・処分等(第96条)，訴えの提起，副知事・副市町村長の選任，退任(第162条，第165条)について議会の議決・同意を義務付けている。

● 議員は自治体の共同経営者である－議員は監査役という誤解

これまで議会・議員を監査役になぞらえて，執行部に対する監視機能を強調することが多かった。たしかに地方自治法には，検査(第98条1項)や調査(第100条)など，執行機関(市長等)をチェックする機能も詳細に規定されている。

しかし，地方自治の二元代表制とは，ともに住民を代表している長と議員が，両者の緊張関係のなか，政策競争を行うシステムである。首長と議員・議会の間で，どちらの主張・行動が，より市民ニーズを体現しているかを争うことで，市民にとって，よりよい政策を実現しようとするものである。これは議会・議員を単なるチェック役とするのではなく，自治の共同経営者とする発想である。

地方自治法で認める条例の制定改廃，予算の制定，決算の認定，重要な

図Ⅲ-11-3　地方議会の現状について満足して いない理由

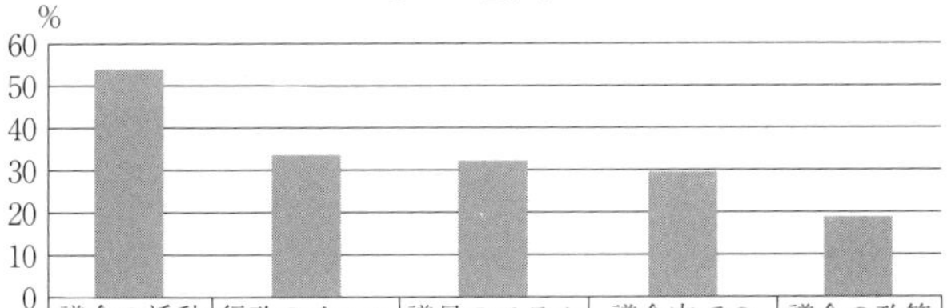

	議会の活動が住民に伝わらない	行政のチェック機能を果たしていない	議員のモラルが低い	議会内での取引を優先して審議が不透明	議会の政策立案能力が低い
■割合	53.3%	33.2%	32.5%	29.3%	18.6%

（資料）　日本世論調査会の調査結果をもとに筆者作成

契約の締結や財産の取得・処分等の議決権等（第96条）は，市政の経営者と
しての役割を体現する規定である。

　地方自治を取り巻く状況が厳しさを増すなかで，議会・議員は自治の経
営者であるという視点は，ますます重要性を増してくる。議会・議員を自
治の共同経営者に位置づけると，議会・議員の果たすべき役割や行動が
違ってくる。

(2)　地方議会・議員の現状

● 市民の評価

　日本世論調査会（2006年12月実施）の結果を見ると，市民は，地方議会の
現状について，「満足している（大いに，ある程度）」は，３割強にとどま
り，「満足していない（大いに，ある程度）」のほうが約６割を占めている。
議会・議員を見る市民の目は厳しいといえる。

　日本世論調査会の調査では，不満の原因としては最も高いのは，「議会の
活動が住民に伝わらない」である。次は，「行政のチェック機能」と「議員
のモラル」である。

● 議会・議員側の意見

　これに対して，議会（議員）の意見は少し違う。自分たちは一生懸命やっ
ているのに，市民は，ちっとも関心を持ってくれないと思っている。例え

ば，議会報告会を始めても，人が集まらず，政策論議をする機会であるが，陳情の場になってしまう。さまざまな議会改革も行っているが，ほとんど知られていない。

このように市民と議員の思いには，大きな乖離がある。その原因は，2つである。

一つは議会・議員は一生懸命やっているが，市民ニーズ（期待）と違うところで一生懸命になっている。他の一つは，議会・議員は，一生懸命やっているかもしれないが，それが市民に伝わっていないかである。

この解決を怠ると，議会・議員に市民の思いを信託することで社会を維持する民主政そのものが崩れてしまう。

● 政策提案の少なさ・議員の行動原理から

朝日新聞社の全国地方議会アンケート調査（2019年2月22日記事）によると，2015年から4年間に議員提案の政策条例を制定した議会は14％にとどまり，過去の2011年（9％），2015年（15％）の調査と大きく変わっていないことが改めて浮き彫りになった。

自治の共同経営者である議会には政策提案機能が期待されているが，議員は政策には無関心だとみられている。それは，議員の行動原理に由来する。

議員の行動原理の第一は再選であるが，議員が政策に無関心になるのは，政策は再選には影響しないからである。

首長と違って議員の場合は，一定の得票数があれば当選する。近年では，投票率が50％を切ることがある。ならば，全体から支持されることを目指すよりも，一定の範囲内の人の支持を集めようとする方が効率的で，それには自治体全体の政策よりも御用聞き・個別テーマに注力した方が，当選できるからである。

逆にいうと，議員の再選を揺るがすような政策には，強い関心を示す（議員定数の削減）し，議員が不要になるような市民参加制度や直接民主主義的な制度には多くの異論が出る。

議員の政策に対する取り組み如何が，再選に影響を与えるようなシステムが導入されれば，議員も政策に熱心になっていくということである。

(3)　励ます議会・励まされる議会－チェックから支援・協働型へ

● 政策条例の提案

　地方自治法に制約がない限り，議員が提案できる条例には制約はない（一部に長にのみ提出権が専属する条例がある）。しかし，議会の役割・権限や能力，また議会を構成する議員の役割や行動原理等から考えると，議員が提案するのにふさわしい条例がある。具体的には，次のような条例が考えられる。

　①議会・議員でなければできない条例。議会の役割，行動に関する事項を定める条例である。地方自治法には，議会運営に関する事項は詳細に規定されているが，その空白を埋める条例である。

　②地方自治のあり方を規定する条例。自治基本条例が典型例である。長野県飯田市では，議会がリードし，市民会議を開催し，市民や議会が活発に議論する機会をつくりながら条例案をつくっていった。

　③行政が縦割りになりがちななかで，広い視野から横断的に地域を活性化させる条例でもある。地域振興条例，産業活性化条例など，いわばまちを元気にする条例である。

　④地域や住民の要望を反映する条例。地域に密着する議員ならではという条例である。犯罪のない安全で安心なまちづくり条例，深夜花火規制条例，サル餌付け禁止条例，自転車安全利用条例など数多くの条例が提案されている。

　⑤まちや市民のあるべき姿を示した条例。秋田市未来を築く子どもを育むための市民や社会の役割に関する条例，平塚市民のこころと命を守る条例などがある。理念型・宣言型の条例となるため，執行経費や執行体制が特に必要ないことから，議員が提案しやすい条例でもある。

　⑥行政ではできない新しい政策課題をとりあげた条例。行政の行動原理は，公平・公正なので，多数の市民の合意が得られないと取り組むことができないという限界がある。多元的な価値を有する議員ならではの条例である。

　⑦少数者の思いを掘り起こす条例。行政は全体の利益のために活動するために，少数だが重要な意見を見落してしまう場合がある。渋谷区男女平

等及び多様性を尊重する社会を推進する条例は，一人の区議からの提案が契機となった。

● 行政が安心して前に出られる仕組みをつくる役割

　今日の行政を覆っているのは，誤ったコンプライアンスである。本来は，市民の期待に応じる（comply）ことがコンプライアンスの意味であるにもかかわらず，法律や規則に書いてあることだけをやる，あるいは，法律や規則に書いてある通りにやるというのがコンプライアンスであると誤解されている。

　それが，説明できるのか，言い訳ができるかどうかに転換してしまって，行政は，安全な基準で行動するようになった。

　こうしたなかで，議会・議員が取り組むべきは，行政が市民の期待に応じて行動できるような制度づくり，仕組みの構築である。議員は，自治の共同経営者である。経営者なら，職員が安心して仕事ができ，より多くの成果をあげられるように，励まし，条件整備をするのが役割である。

　具体的な例でいえば，空き家条例ができる以前，職員が空き家の調査に行くと，「どういう根拠で来たのだ」と市民から問われて，たじろぐケースがあった。条例というのは，市民代表である議会・議員が議論し，決定したという正当性があるが，「条例に基づいて来た」と職員が言えれば安心して調査ができる。空き家条例をつくって，行政が前に出られる条件整備をするのが，自治の共同経営者としての議会・議員の役割である。

● 市民を励ます機関としての議会－市民に対する教育機能

　「地方自治は民主主義の学校」（J・ブライス）といわれる。市民自身が，防災，防犯，高齢者福祉といった身近なまちの課題に対し，主体的にかかわり，自分のできる範囲で，まちのために貢献するという実践を重ねることで，民主主義を自分たちのものとすることができる。

　この民主主義の学校において，議員の役割は重要である。多元的価値を体現しているという強みを活かして，市民が学ぶ機会をつくる役割である。議員が防災，防犯，高齢者福祉といった地域課題について，争点を示し，意見が分かれる対立軸を明らかにするなかで，市民自身が，自ら考え，判

断する機会をつくることである。「民意をつくり出す役割」であるが，それによって，民主主義の担い手である市民を鍛えることができる。

● 熟議ができる少数精鋭の議員定数

　市町村議会の選挙システムも，励ます仕組みに転換していく必要がある。

　現在は，市町村議会は，いわゆる大選挙区制を採用しており，大田区や練馬区などは定数50人である。有権者は一人一票で一人の候補者を選んで投票するが，有権者は過大な情報コストを負う。定数が50名となる例では，有権者が全ての候補者の状況を十分に把握するのは事実上困難だろう。結果，誰に投票してよいかわからず，棄権となる。

　平成23年の横浜市議会議員選挙を対象に行った棄権の理由の調査では，以下の理由となっている。

　　1.「どの候補者がよいかわからなかったから」（30.2%）
　　2.「あまり関心がなかったから」（15.1%）
　　3.「病気（看護を含む）だったから」（13.1%）
　　4.「仕事や商売が忙しかったから」（12.0%）

「どの候補者がよいかわからなかったから」が，地方選挙ではトップになっている。地方議会では，政権選択選挙のようにはならず，だれに投票してよいかわからないというのは，構造的な問題である。

　また大定数区では，当選に必要な最低得票率が極端に低くなるから，候補者は，特定の有権者層の支持を固めれば当選できるという状況になり，事実上，選挙運動の対象とされない有権者が増えることも，投票率の低下などにつながっていく。

　議員になり手がなく（これはという人がおらず），しかも投票率が3割近くになる選挙システムは，もはや代表民主制の体をなしていない。さらには，議員のなり手がない中で，カルトやヘイトのような問題議員が生まれてくるおそれも十分にある。

　その対応策が，公開政策討論会条例であるが，そのほか，大いに知恵を出し，有権者が選挙に行き，有為の人が立候補するシステムを模索していくべきだろう。

　ここでの提案は，報酬を大幅に上げ，議員定数を厳選し，少数精鋭の熟

議する議会をつくる方向である。

　二元代表制の下，長も議員も住民の代表である。この点では両者は違わず，議会・議員の強みはない。両者の違いは合議制か否かである。民主主義は，価値の相対性を基本原理としているから，さまざまな視点から多様な意見を出し合い，より良いものを選択できるという点が強みになる。

　熟議は，限られた時間のなかで，深い議論とそれを踏まえたうえでの意見の止揚や妥協が必要である。これは，ある程度限られた人数で初めて可能になる。せいぜい6～7人が限度であろう。

　こうした熟議があって初めて，条例や予算，その他重要な事項に関して，団体意思を決定するする組織としての有効性が生まれてくる。

　少ない立候補者と活発な政策論争があれば，市民側も選挙の際に，人柄，思い，やろうとしていること，説得力や実行力などをより的確に判断できるだろう。

　議員定数を少数にすると，それでは身近な地域の問題などに手がまわらないだろうという意見もあるが，それは市民自治区のように，地域ごとに権限を付与し，地域で決定する制度をつくり，そこに委ね，そこに地域の声を反映するようにすれば，議会・議員がやるまでもないだろう（第2章「3年役所システム」参照）。議員と市町村長は，この声を踏まえて，全市的な立場で判断し，政策論争を行えばよい。

● 励ましたくなる議会・議員へ

　議員の多くは，自分たちは市民に役立つ仕事をしていると考えている。他方，市民の多くは，議員の仕事振りについて不満を持っている。本来ならば，そのギャップを埋めるべく，議会・議員は，市民ニーズに合致した活動を行い，議会・議員の活動を市民に知らせる努力をすべきであるが，市民への迎合に走るようなケースも目立つようになった。

　本来，議会・議員が熟議して決めるべきものも，すぐに住民投票にかけるといった風潮もそのひとつである。これでは地方自治や民主主義を脆弱なものにするばかりである。

　励ましたくなる議会・議員のためには，地方議会や議員を政策重視の発想，行動に変えることである。その基本的仕組みが議会基本条例である。

　議会基本条例は，2006年に北海道栗山町が制定したのが最初であるが，その後，制定する議会は増え続け，2017年4月1日現在，797の自治体で制定されている(44.6%)。その内容は，主には議会の機能を強化する事項と議員能力を強化する事項で構成されている。

　議会基本条例の内容は多岐に渡るが，議会・議員の活動を政策重視に変えるには，次のような規定と実践が求められる。

　①請願者・陳情者の意見陳述……議会は，請願及び陳情を政策提案として受け止め，請願者又は陳情者から発言の申出があったときは，特別の事由がない限り，これを拒まない。

　②議会報告会……議会は，説明責任を果たし，また，市民の多様な意見を把握し，市政の諸課題に柔軟に対処するため，議員及び市民が自由に情報及び意見を交換する議会報告会を年1回以上開催する。

　③一問一答方式……会議における一般質問は，広く市政上の論点及び争点を明確にするため，一問一答の方式で行う。

　④反問権・反論権……本会議，委員会へ出席した市長等は，議長又は委員長の許可を得て，理解困難な場合や議決事項の根拠が不明な場合に反問，反論することができる[52]。

　⑤政策討論会……議会は，市政に関する重要な政策及び課題に対して，議会としての共通認識の醸成を図り，合意形成を得るため，政策討論会を開催する。

　次に，議会・議員の活動を市民に知らせる努力であるが，次のようなものがある。

　①各議員の活動状況の報告である。自治体の長は，活動記録が新聞等で公表されているが，各議員についても，動静や活動を一覧にして，ネットで報告するものである。

　②市民とのワークショップの技法を学ぶというのも有効な方法である。地方自治法にも，公聴会や調査・審査のための参考人の出頭など市民との

52　反論権は，議会の審議において，議長又は委員長の許可を得て，議員又は委員会からの条例の提案，議案の修正，決議等に対して，行政側が，反対の意見や建設的な意見を述べることができる発言権である。松阪市は，反問権のほか反論権を認めている(松阪市議会反問権及び反論権に関する要綱．平成24年10月18日議会告示第5号)

216

接点はあるが，これらは議会が必要と考えた時に，市民に声をかける仕組みである。それに対して，議員と市民とのワークショップは，両者が水平・対等の関係で，フランクに議論する場をつくるものである。うまくいくのか心配する向きもあると思うが，運用方法をきちんと学んで行えば，必ずうまくいく。

* 議員の政策提案能力の向上をめざすものとして，松下啓一『つくろう議員提案の政策条例—自治の共同経営者を目指して』（萌書房）。

第12章　新地方自治法の制定・励ましの地方自治

(1)　設計思想

● 新たなOS法としての新地方自治法

　新時代の地方自治を推進するために，新地方自治法の制定が俎上に載ってくる。

　新地方自治法の設計にあたっては，この法律は，準憲法的位置づけとして，理念的・基本的事項を内容とする基本法に純化し，現行の地方自治法で規定されている実務的・手続的な規定は個別法か条例に委ねることが好ましい。

　新地方自治法は，自治立法の頂点にあるとともに，自治体を縦割りに規律する関連法を統合する基本法である。自治体戦略2040構想に準じれば，新地方自治法はOS法であり，地方自治に関する各種法律はアプリケーション法となる。自治経営のプラットフォームとして，アプリケーションの機能が最大限に発揮できる法律として，大胆に構想する必要がある。

● 地方自治の本旨の明確化

　地方自治制度のキーワードの一つが，地方自治の本旨である。

　憲法92条は，地方公共団体の組織及び運営に関する事項は地方自治の本旨に基づいて法律により定めると規定している。地方自治の本旨とは，住民自治と団体自治を意味するとされている。住民自治とは，地域の住民が自己の意思に基づき自己の責任において決定することを指し，団体自治とは，国から独立した地域団体が自己の事務を団体の責任において処理することである。

　住民自治と団体自治は並列にされているが，基本は，住民自治で，団体自治は，この住民自治をサポートするものである。そして，住民自治の先にある自治の目標は，憲法13条に規定される一人ひとりが尊重され，その個性や力が存分に発揮される社会の実現にある。

　新地方自治法には，こうした地方自治の本旨が，分かりやすく記述されることが必要である。

● 自由度のある制度設計

　地方自治における二元代表制は，憲法改正に当たっては，大いに検討の余地があるが，現在の憲法を前提とすると，二元代表制の枠内で考えていくべきだろう。現憲法でも議院内閣制を採用できるという考え方もあるが，そこまで無理に解釈するのではなく，きちんと憲法改正の俎上に載せて，真正面から議論していくべきだと思う。

　そして，憲法秩序の枠内で考えていくとしても，地方自治体（行政，議会）の組織の内容や運営の仕組みは，地方の実情に応じた選択ができるように，自由度の高いものとすべきである。ただ，まったく自由に考えるというのも難しいので，いくつかの選択肢を用意するのが現実的だろう。

(2)　新地方自治法の体系・留意すべき事項

● 名称・前文

　新地方自治法は，準憲法的位置づけで，理念的・基本的事項を内容とするが，こうした地方自治の基本法であることを示す意味で，地方自治基本法という名称が好ましいだろう。

　前文には，地方自治基本法が制定された経緯が書かれるが，それにとどまらず，令和という難しい時代を切り開くため，新たに地方自治の基本法をつくるという趣旨を高らかに宣言してほしい。市民一人ひとりに，自然と元気と勇気が湧いてくる前文を期待したい。

● 総則（基本理念等）

　現行の地方自治法が目的とするのは，民主的・能率的な行政の確保と地方公共団体の健全な発達である。これに対して，新地方自治法の最終目的

は，市民一人ひとりが，その個性が大切にされ，その力が存分に発揮される社会の実現である。憲法第13条の個人の尊重である。それが地方自治の本旨でもあるが，そのためには，市民の自立（自律），責任，協力，連携，信頼などが不可欠で，これらが，地方自治基本法のキーワードで，目的や定義等にも書かれることになるだろう。

　地方自治体の役割については，住民の信託に応えるため，責任を持って事務を処理するという信託論とともに市民がその力を存分に発揮するために自治体が後押しするという新しい公共論に基づく役割も記述してほしい。

● 住民の権利・義務とそれを保障する規定

　現行の地方自治法にある公共サービスを享受する権利及び納税の義務のほか，新たに自治体に対する権利（行政情報を知る権利，直接請求権・住民投票権等の参加権など）確認的に規定すべきである。さらに主体的・合理的に代表者を選ぶ仕組み（公開政策討論会など），市民が公共を担うために必要な仕組み（市民間で情報を共有する仕組み，協働を推進するための仕組み）などについても，その根拠となる規定がほしい。

　住民をめぐっては，自治会・町内会等の地域団体，NPO等の役割についての規定も必要である。居住はしていないけれども，その地域で活動している市民，団体等についても，どのように位置づけるのか，大いに検討してほしい。

● 自治立法権

　自治体は憲法から授権された条例制定権を持つ。地方分権によって，地方に関することは地方に任されたが，それを具現化するのが，自主立法権である。国は法律の規律密度を緩和するということも重要であるが，他力本願ではなく，自主立法権を自治体が自ら切り開いていくという心構えが重要である。

● 自主行政権

　自治体は，必要な事務を自己の判断と責任において，自ら処理することが求められる。自治事務への国の配慮原則を徹底する必要がある。

220

　行政の長は，新地方自治法の時代をリードする自治の経営者としての役
割が期待されている。自治が有効に機能するためには，市民自身が，共同
体の課題に対し，自律的に関与し，公共的な態度で臨むことが前提になる
が，市民に対して，争点を提起し，判断の素材を提示することで，市民自
らが考え，決定ができるようにする。行政や市民が，まちのためにパワー
を出せるように制度や仕組みを提案する力とともに，こうしたパワーを束
ねて，大きなエネルギーとなるようにマネジメントする力も問われてくる。

● 職員

　職員の役割については，地方公務員法に規定されるが，地方自治基本法
にも，服務の根本基準を定めるべきだろう。

　現行の地方公務員法では，「すべて職員は，全体の奉仕者として公共の利
益のために勤務し，且つ，職務の遂行に当つては，全力を挙げてこれに専
念しなければならない」（地方公務員法30条）と書かれている。これは，自
治体職員にとって基本的な義務であることは間違いないが，令和の時代の
自治体職員に求められている能力としては不足する。

　行政職員は，地方自治法上では長の補助機関に位置づけられているが，
それは単に首長の指示に従い，その手足となって動くという意味ではない。
市民の主体性や自立性，市民との対等性や自立性・責任・信頼関係を維持
しながら，市民自らが，自治の当事者として，考え，判断できるようにす
るために，職員の後見的，支援的な活動が重要になる。

　同時に，合意形成能力（市民と情報を共有しながら議論を行い，合意形
成できる能力），制度化力（政策を条例や計画等に結実させる能力）も重要
である。

　職員の思いに火をつけ，その潜在力を引き出すのがリーダーの役割であ
る。また，あらぬ非難や誤解から，職員を守るのもリーダーの大事な仕事
である。

● 自治財政権

　自治体は，自らの財源でその事務を処理するできるように，国は，自治
体の財源の保障に努め，自治体も効率的・効果的な財政運営と，財政運営

の透明化，財政健全化に取り組む必要がある。

　財政調整制度は，新地方自治法にきちんと書くべきである。地方の自主財政権の貫徹は，一歩誤ると，豊かなところはどこまでも豊かに，貧しいところは貧しいままでという弱肉強食の世界に短絡してしまう可能性を持っている。それを避けるには，何らかの財政調整制度が必要となる。

　地方共有税制度により，地方全体の財源を保障し，自治体間の財政力格差に対応できる試みであるが，こうした自治体間の財政調整制度を国の差配によらず，地方自らが作り上げていく必要がある。

● 自治組織権

　議会と首長による二元代表制をもとに，自由度のある制度設計が必要である。

　とりわけ議会・議員については，そのあり方が問われている。

　議会は，自治の共同経営者であることを明確にすべきであろう。議員の定数については，少数精鋭からボランティア議員まで自治体ごとの自主性は許容すべきである。議会の組織，運営，議員の選出なども重要な論点であるが，二元代表制のもとで，議会と執行部の相互の質問権，両者が対立した時の解決方法なども，政策競争が行われる仕組みについて，自治体の状況に応じて選べるような選択肢を示しておくべきだろう。

● 国・都道府県・市町村の関係

　国と地方自治体とは対等・協力の関係にある。都道府県と市町村は，同じ地方自治体として，相互に連携・協力する。

　基本的な役割としては，市町村は，地域における事務を幅広く包括的に処理し，都道府県は，広域的な事務，連絡調整事務，市町村の補完事務であるが，都道府県と市町村が連携協約（垂直補完）を積極的に推進できるような関係を明示すべきである。

　＊　新しい地方自治法については，すでに神奈川県が，平成22年に「地方自治基本法の提案」を行っている。本書もこれを参考にした。

著者略歴

松下啓一（まつした　けいいち）

相模女子大学 夢をかなえるセンター・エグゼクティブアドバイザー（前相模女子大学教授，大阪国際大学教授）。現代自治体論（まちづくり，協働，政策法務）。

26年間の横浜市職員時代には，総務・環境・都市計画・経済・水道などの各部局で調査・企画を担当。ことに市民と協働で行ったリサイクル条例策定の経験が，公共主体としてのNPOへの関心につながる。

著書は，『現代自治体論』（萌書房），『協働社会をつくる条例』（ぎょうせい），『市民協働の考え方・つくり方』（萌書房），『協働が変える役所の仕事・自治の未来』（萌書房），『若者参画条例の提案─若者が活き活きと活動するまちをつくるために』（萌書房）ほか。

励ます令和時代の地方自治：2040年問題を乗り越える12の政策提案

2020年3月10日第1版第1刷　印刷発行　©

著者との 了解により 検印省略	著　者　松　下　啓　一
	発行者　坂　口　節　子
	発行所　㈲　木　鐸　社

印刷 フォーネット＋TOP印刷　製本 吉澤製本

〒112-0002　東京都文京区小石川 5-11-15-302
電話 (03) 3814-4195番　FAX (03) 3814-4196番
振替 00100-5-126746　http://www.bokutakusha.com/

（乱丁・落丁本はお取替致します）

ISBN978-4-8332-2536-6　C3030

自治基本条例：法によるアイデンティティの構築

阿部昌樹著 A5判 244頁本体 2500円＋税

　住民自治の集合的アイデンティティ構築をニセコ町づくり基本条例の制定に見出しそれが他の市町村に波及する過程を各自治体の動き・展開状況を実証的に追及・分析する。

戦後日本地方政治史論

辻　陽著（近畿大学法学部）

A5判・432頁・5000円（2015年）ISBN978-4-8332-2482-6 C3031

■二元代表制の立体的分析

　本書は，日本の地方自治制度に注目しつつ，戦後60余年間にわたる地方政治を追跡する。中央レベルの政治と対比することで，知事，議会の両者における党派性に注目しながら，時代ごとの変化を明らかにし，47都道府県間に見られる共通点と相違点を示す。同じ資料を用いて分析対象に取り込み，通時的比較と共時的比較を行い，知見の一般化を図る。

日本の政府間関係　■都道府県の政策決定

Steven R. Reed, Japanese Prefectures and Policymaking, 1986

スティーヴン・リード著　森田朗他訳

A5判・296頁・2800円（1998年2刷）ISBN978-4-8332-2151-1

　1政府間関係における影響力　2比較的視座における日本の地方政府　3日本の地方政府の発展　4公害規制政策　5住宅政策　高校教育政策　7結論

　日本の地方自治を，比較政治学の観点から考察し政策決定に当ってどのような影響力関係が働いているかを分析。

市町村合併をめぐる政治意識と地方選挙

河村和徳著（東北大学情報科学研究科）

A5判・184頁・2500円（2010年）ISBN978-4-8332-2436-9

　これまでの合併に関する研究は，「合併」という事象にのみ着目したものが多かった。しかし，地方政治の連続性を考慮すると，ポスト「平成の大合併」における政治現象は，合併のアウトカムが問題であり，本書は，合併後の地方政治を考える際の仮説を導き出す探索型の研究である。